中华根文化·中学生读本

战国争雄

《战国策》选读

主编 黄荣华

编选 石 莉

复旦大學

出版社

人之需（代总序）

一直想给中学生朋友编一套中华传统文化方面的读本。

作为中学语文教师，我们有自己的理由——

中华古代文化浩如烟海，书市上古代文化方面的图书也不计其数，但专门面向现代中学生的普通读本却很难找到，更不要说那种切合中学生阅读心理，精心选材、精心作注、精心释义的系列丛书了。

而从一名中学语文教师的角度看，当今中国语文教育，最缺失的一块又恰恰是对中华传统文化的敬重、理解与传承。

众所周知，新中国成立60多年来的语文教育被当作两个大的工具在使用：一是作为政治工具，大致对应1949—1980年的30年间；二是作为应试工具，1980年以后的30余年皆如是。前者是自上而下的自觉行为，后者是"变态"行为——教育本来是指向学生的全面发展的，但因为"高考列车"越跑越快所产生的巨大无比的力量，语文也已完全沦落为应试的工具。

　　在这样的教育中，没有文化，或者说对文化的漠视，已成为语文教育的一个并不为多数人清醒地意识到的"传统"；丢弃传统文化，甚至鄙薄传统文化，也已成为语文教育的一个并不为多数人清醒地意识到的"传统"。

　　在这样的教育中，现代语文教育的本质意义——作为培育"民族文化之根"的意义，作为培育"效忠于"、"皈依于"中华民族的现代公民的意义，已基本丧失。

　　而中华民族现代前行的艰难身影又告诉我们：我们的教育，我们的语文教育，必须敬重、理解、传承中华传统文化。

　　中华传统文化作为中华文明的载体，其两大支柱是儒与道。而作为现世人生精神支柱的文化，又主要是儒家文化。儒家文化又以孔子为核心，孔子文化的核心是"仁"——"仁者""爱人"。何为"爱人"？孔子"一以贯之"的是"忠恕"二字——"己所不欲，勿施于人"，"己欲立而立人，己欲达而达人"。用现在的话说就是：自己不想要的不强加给别人，自己想要的也要让别人拥有。这样，人与人就会友爱，社会就会和谐，人类就会幸福。而支撑这一社会理想的核心思想是：人与人的平等性。

　　从近一个半世纪的中国近代历史进程看，由于受列强的侵略，我们民族怀疑甚至痛恨过我们的传统文化，认为那是我们落后挨打之源。所以，我们曾经把传统文化作为落水狗一般痛打。但从我们逐步摆脱"挨打"、"挨饿"之后"挨骂"的现实看，我们现在最缺失的就是传统文化中的"忠恕"二字。不"忠"就不"诚"，不"诚"就无"信"；不"恕"就不"容"，不"容"就无"爱"。当今社会的许多问题之源，正在于无"信"无"爱"。

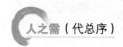

要化解民族前行过程中出现的种种问题与矛盾，当然要从政治、经济、科学、军事、艺术、伦理、道德等各个方面去思考，但在教育过程中，在生活的各个方面，敬重、理解、传承我们传统文化的精髓，应当成为我们思考的重要内容。当我们通过教育，通过生活方方面面形成的教化体系，能将我们传统文化的精髓与现代民族意识融为一体，内化为崭新的民族精神，并使其上升为民族得以昂然立身的中华现代文明，那我们民族就真正完成了由古代到现代的转型，我们的国家就成为一个崭新的现代民族国家，我们的人民就会成为"具有中国心的现代文明人"（当代著名教育家于漪老师语）。

有了这样的愿望，就总希望能为实现这样的愿望尽微薄之力。所以我们带着对中华传统文化的敬意，乐意尽自己最大的力量为中学生朋友推介中华传统文化。

同时，作为语文教师，我们还感到，要真正理解语言，掌握语言，就必须理解文化，特别要理解传统文化。

语言学研究表明：语言的理解与运用，归根结底是与某个社会群体的认知方式、道德规范、文化传承、价值标准、风俗习惯、审美情趣等特定的文化因素相关联的；语言运用的得体，既要遵循语法规则，更要遵循文化规则。由于汉语的组织特点是"文便是道"，"以意役法"，即意义控制形式，"意在笔（言）先"，所以文化规则在汉语的组织运用中更有着突出的意义。又由于汉语是由汉字联属而成，而汉字是世界上最古老的文字之一，更是世界几千年间唯一没有中断其历史的文字；每个走过几千年的汉字都有深厚的文化沉淀，可谓一个汉字就是一个广博精深的文化单元，就是一个意趣醇厚的审美单元(鲁迅先生曾在《汉文学史纲要·自文字至文章》中指出,汉字有"三美":"意美以感心","音美以感耳","形美以感目"),故此,要让孩子们准确地把握经典文本表达的意义,恰当地表述自己的观点,得体而有效地与人交际,就要引导他们了解、掌握语言背后蕴含的丰富的文化信息。

现在只有无知者才不会承认,中华文明体是一个坚实、深刻、厚重、博大的文化体系。这个文化体系已将自己的精神文化贯彻到了人们可见、可知甚至可感的世界的每一个角落,渗透在人们气血经脉、意识与潜意识之中,正所谓"致广大而尽精微"(《中庸》)。在这个"致广大而尽精微"的文化体系中,天、地、人的分工、边界及其协调与平衡,都有着清晰、真切、表情生动的表达;在这个体系中,中华民族已建立起了自己独一无二的生活方式——在天与地之间,堂堂正正地做人,做一个大写的人。由此,中华民族也就有着有别于一切民族的独特的文化——天地之间的人文化,而不是天界中的神文化,不是地界中的鬼文化。尽管我们的文化中不可避免地要涉及神鬼,但总体而言是"敬鬼神而远之"。由此,我们也就会真正明白,为什么诸子百家中的任何一家最终都将自己的精神内核指向了人,为什么我们几千年的文化主体选择了"儒"——人之需!如果不了解、不理解这样的文化,就不能真正读懂我们的文化原典,就不能真正听懂古今经典之作的汉语述说,就很难得体地用好已走过了几千年的民族语言。

基于上述两大理由,我们编著了这套《中华根文化·中学生读本》。

"根文化"就是"文化之根"。它表明这套读本关注的是中华

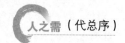

文化最根本的部分。这又有两层意思：一是读本的内容选择上，关注代表根文化的内容；二是在注解、翻译、释义上，关注所选内容最本原的意义，基本不做现代阐释。

作为"中学生读本"，我们尽可能适合中学生的文化心理。每个选本均按主题组织若干单元，并写单元导语；用浅近的白话注解、翻译、释义，力求简洁明了。

《中华根文化·中学生读本》第一辑15种，主要选取先秦时期的文本，包括《兴于诗——〈诗经〉选读》、《立于礼——"三礼"（〈周礼〉〈仪礼〉〈礼记〉）选读》、《成于乐——〈乐记〉〈声无哀乐论〉选读》、《仁者之言——〈论语〉选读》、《义者之言——〈孟子〉选读》、《君子之言——〈荀子〉选读》、《智者之言——〈老子〉选读》、《达者之言——〈庄子〉选读》、《爱者之言——〈墨子〉选读》、《法者之言——〈韩非子〉选读》、《忠者之言——〈楚辞〉选读》、《谋者之言——〈孙子〉选读》、《"春秋"大义——〈春秋〉三传选读》、《"诸侯"美政——〈国语〉选读》、《战国争雄——〈战国策〉选读》。

由于我们的浅陋，尽管做出了很大努力，但牵强、错误之处一定不少，期待方家指正。

黄荣华

2012年2月10日

前　言

　　本书是"中华根文化·中学生读本"丛书之一种。本着知人论世之旨,编者想在开头向读者简单交代几句:全书大约分三方面:一是《战国策》是怎样一本书,它对后世有何影响;二是本书选了《战国策》哪些基本篇目,如何分类定标准的;三是中学生应当如何来读本书。

　　第一,《战国策》是怎样一本书,它对后世有何影响。

　　我们知道先秦历史散文中最有名的当推《左传》《国语》和《战国策》。《战国策》又名《国策》《国事》或叫《短长》《事语》《长书》,杂记东西周和战国七雄及宋、卫、中山诸国之事。从时代看,上接三家分晋下至秦灭六国,约二百四十年。其作者已不可考,大约是秦汉间人采掇各国史料编撰而成,至汉代刘向重新加以整理,定名为《战国策》。

　　《战国策》的基本内容是战国时代谋臣策士纵横捭阖的斗争及其有关的谋议和辞说,保存了不少纵横家的著作和言论。"春秋无义战",攻守战争,钩心斗角,无非是"大鱼吃小鱼,小鱼吃虾米"。秦变法图强后,打破各国均势,蛇食鲸吞各诸侯试图统一海内。与之相应,纵横之术并起,策士们各显神通,朝秦暮楚、反复无常,从西周、春秋的礼法信义变而为权谋谲诈,凭借三寸不烂之舌翻江倒海,折冲樽俎于千钧一发之际的故事层出不穷。《战国策》一书就大多记载了策士们的游说、议论之辞。

从历史散文角度看,《战国策》有几大鲜明的特点:其一,长于说事。出场的一些人物如苏秦、张仪等无不善于辩驳,极尽夸张渲染之能事,能于陈述辩驳中说服别人。其二,描写人物极为形象生动。如写苏秦、张仪、荆轲无不栩栩如生,千载后读之仍使人如见其人、如闻其声。其三,善用譬喻。从语言角度看,《战国策》中策士说理论事常运用巧妙生动之譬喻,中国传统成语典故不少便出于此。

《战国策》一书对后世影响极大,司马迁《史记》一书大量借鉴了《战国策》的史料,如写平原君、魏公子的列传,写荆轲刺秦王都"搬用"了不少《战国策》中的内容。后世文人受影响的也不少,宋代科举有策论。此外,苏洵父子的议论文也多是从《战国策》一书中获取有关的论辩经验。

第二,关于本书的选材及编排。

本着鲁迅"拿来主义"的精神,对祖宗留下来的宝贵遗产,在今天的条件下我们还是可以采取"取其精华"的做法来整理选读一番。小则写写文言,中则可以通历史,大则可借以明了历史风云人物的"把戏",使自己变得聪明起来,因为太阳底下没有新鲜的东西。

因为是丛书，本书的体例与其他几本是一样的，在此，谈谈本书的几个分类及分类的标准。本书按《战国策》一书内容分类，以说辞内容为分类标准，约可分为四类：

（一）规箴劝谏之辞

《战国策》一书中，此类说辞最为常见，如脍炙人口的"触龙说赵太后"、"邹忌讽齐王纳谏"、"颜斶说齐王贵士"、"江乙以狐假虎威对楚宣王"等等，既有臣下对国君之规箴，又有策士对诸侯的劝说，此类说辞，往往借寓言说道理，有较强的可读性与感染力，容易引起读者兴趣。

（二）外交纵横之辞

战国之际，外交场合斗争甚为激烈，翻云覆雨、软硬兼施，时而威胁利诱，时而慷慨激昂，张仪论连横、苏秦说合纵、颜率全九鼎、陈轸免楚祸……其外交辞令中的种种外交伎俩，令今人读之浮想联翩，可想到联合国讲坛，想到"冷战"，想到美苏斗法等等。

（三）毛遂自荐之辞

战国策士大多奉行"唯利是图"的原则，故自我推销、自我包装乃其擅长的本领，《战国策》一书中，不乏此类记载：冯谖、苏秦、张仪、吕不韦、甘茂等皆是"毛遂自荐"之典范。今日一代青年转战商场、职场，也大可从古人的"推销术"中获得启示。

（四）侠义慷慨之辞

战国纷争之际，固然出现了大批游说诸侯的策士，然各国也不乏一些慷慨赴命的侠义之士，孟子所谓"威武不能屈，富贵不能淫"的人物，唐且、荆轲、聂政、豫让自不必说，而聂莹为扬弟弟聂政的侠义之名不惜以生命为代价，曾使郭沫若写下著名的历史剧《棠棣之花》。"天地有正气，杂然赋流形"，然而，所谓侠士，历来不入圣人之目，法家韩非就曾以"侠以武犯禁"加以贬斥。其实，战国之侠大多本着"士为知己者死"的宗旨，比起那些朝秦暮楚的策士实在是可爱不少的，而《战国策》中的此类故事也颇为生动形象、荡气回肠。

另外，应当指出的是，本书选文版本主要依据何建章先生的《战国策注释》(中华书局 1990 年出版) 为底本，而各篇目的名称基本依照前人体例取每章首段的几字。

第三，中学生应当如何读本书。

笔者向来以为文言是靠"读"通的，而非做题目、学句式、分析结构，弄懂词义而后能够举一反三的。当今一些硕儒大家如王力、启功、张中行诸老在谈及文言时，莫不以诵读、积累词汇为第一要务；国外的语言教育家如丹麦的叶斯伯森、美国的皮尔·科特也提倡广泛阅读、积累词汇，"在语言的海洋里游泳"是学通任何语言的根本之道。所以同学们不妨先丢开译文，先不看释义，径读原文，细看原注，边读边想，"眼到、口到、心到、手到"，在对原文形成自己的理解后，可参考译文与释义。笔者衷心希望《战国争雄——〈战国策〉选读》一书的编著能使读者诸君在读典故、品文化的同时，积累词汇、培养语感。

石　莉

2012 年 2 月

contents 目录

规箴劝谏之辞

"规箴劝谏"类文辞是《战国策》一书的主要内容之一。为了刻画人物,除形象、环境、动作描写外,人物的言辞也很重要。《战国策》堪称以言辞刻画人物的典范,后人评价甚高。例如清人金圣叹称《庄辛说楚襄王》一文"妙在闲说蜻蛉起,后来却劈面直取君王"。再如,清人吴楚材评《触龙说赵太后》:"左师悟太后,句句闲语,步步闲情,又妙在从妇人情性体贴出来。"本单元收入的大多为《战国策》中的规箴劝谏类故事。读这样的故事不得不使人对这些人物的口才及"善于做思想工作"的本领发出由衷的赞叹。读者于此类描写中,既可熟悉人物故事,了解历史事实,又可学得说话、劝诫的艺术,当然积累文言词汇之目的也寓于其中了。

杜赫欲重景翠于周

【原文】

　　杜赫①欲重景翠②于周，谓周君曰："君之国小，尽君之重宝珠玉以事诸侯，不可不察③也。譬之如张罗④者，张于无鸟之所⑤，则终日无所得矣；张于多鸟处，则又骇⑥鸟矣；必须张于有鸟无鸟之际，然后能多得鸟矣。今君将施⑦于大人⑧，大人轻君；施与小人⑨，小人无可以求，又费财焉。君必施于今之穷士，不必且⑩为大人者，故能得欲矣。"

——选自《战国策·东周策》

主解

　　①杜赫：周人，曾在东周、齐、楚、韩四国活动。　②景翠：楚将，

此时尚为"穷士"。　　③察：考虑。　　④张罗：张：设置；罗：网，捕鸟之网。　　⑤所：处。　　⑥骇：惊吓。此句指将网设于鸟多之处，只要有一鸟投网，其他鸟必惊觉而去。　　⑦施：施予恩惠。　　⑧大人：权势地位高的人。　　⑨小人：权势地位低下之人。　　⑩且：将要。

【今译】

　　杜赫想要向东周推荐景翠，对周君说："主君，您的国家小，如果您想要把自己的贵重宝物珠玉都拿出来去侍奉诸侯，那么您就不得不要深思熟虑了。打个比方，比如设网捕鸟这样的事，要是把网设在没有鸟的地方，那么一整天也不会有所获；如果把网张在鸟多的地方，那么又容易把鸟吓跑；必须把网设在处于有鸟与无鸟之间的地方，这样以后就能捕得许多鸟。如今主君要将恩惠施予那些位高权重之人，那么他们必将轻视您；如果您要施恩给那些小人物，而那些小人物又没什么用处，这么做只是破费钱财。主君您应当施恩给那些当下的穷士，将来未必不能够成为大人物的人，所以说，（这样做）您就能如愿以偿了。"

【释义】

　　本章记录了杜赫向周君推荐谋士景翠的言辞，此段文字的精彩之处在于：杜赫通过设网捕鸟的比喻暗示周君应当发掘潜在的人才，用更经济有效的方式招贤纳士，而"将网设于有鸟与无鸟之间"这一比喻形象生动，意味深长，这里阐明一道理：凡为政皆需适当，"过犹不及"，万事万物皆如此，不仅仅招纳人才。

忌修八尺有余

【原文】

忌修①八尺②有③余，身体昳丽④。朝⑤服衣冠窥镜⑥，谓其妻曰："我孰与⑦城北徐公美？"其妻曰："君美甚，徐公何能及公也！"城北徐公，齐国之美丽者也。忌不自信，而复问其妾曰："吾孰与徐公美？"妾曰："徐公何能及君也！"旦日⑧，客从外来，与坐谈，问之客曰："吾与徐公孰美？"客曰："徐公不若君之美也！"明日，徐公来。孰⑨视之，自以为不如；窥镜而自视，又弗如远甚。暮，寝而思之曰："吾妻之美⑩我者，私⑪我也；妾之美我者，畏我也；客之美我者，欲有求于我也。"

注 解

①修：长，犹言身高。　②尺：一尺，相当于今天的八寸；八尺，相当于今天的六尺四寸。　③有：同"又"。　④昳(yì)丽：美丽，光彩，漂亮。　⑤朝：在早晨。　⑥窥镜：照镜子。窥：视，看。　⑦孰与：和……比起来谁更……。　⑧旦日：明日，第二天。　⑨孰：同"熟"，仔细。　⑩美：以……为美，认为美。　⑪私：偏爱。

【今译】

邹忌身高八尺多，容貌仪态标致美丽，早晨穿衣戴帽之后，看着镜子对他的妻子说："我和城北徐公比起来哪个更漂亮？"妻子说："您漂亮多了，徐公哪里能比得上您呢！"城北徐公是齐国的美男子。邹忌自己不相信，又问他的小妾："我和城北徐公比起来哪个更漂亮？"小妾说："徐公怎么能比得上您呢！"第二天，有位客人从外面进来，和邹忌对坐谈话，邹忌问客人说："我和城北徐公比起来哪个更漂亮呢？"客人说："徐公不如您好看！"又过了一天，徐公来访。邹忌仔仔细细地端详他，自认为比不上他。再对着镜子自照，觉得自己远不如徐公。晚上躺在床上而想道："我妻子认为我美是因为偏爱我；小妾说我美是出于畏惧我；而客人赞我美是由于有求于我。"

【原文】

于是入朝见威王曰:"臣诚①知不如徐公美,臣之妻私臣,臣之妾畏臣,臣之客欲有求于臣,皆以②美于徐公。今齐地方③千里,百二十城,宫妇左右,莫不私王;朝廷之臣,莫不畏王;四境之内,莫不有求于王。由此观之,王之蔽④甚矣!"王曰:"善。"乃下令:"群臣吏民,能面⑤刺⑥寡人之过者,受上赏;上书谏⑦寡人者,受中赏;能谤⑧议于市朝,闻寡人之耳者,受下赏。"

注解

①诚:实在,确实。 ②以:认为 ③地方:土地方圆。方,另说"见方"。 ④蔽:受蒙蔽。 ⑤面:当面。 ⑥刺:指责,批评。 ⑦谏:规劝国君或尊长使之改正过错。 ⑧谤:在背后公开议论别人的过失。

【今译】

于是邹忌入朝拜见齐威王说:"我实在知道自己的容貌比不上徐公,可是我的妻子偏爱我,我的小妾敬畏我,我的客人有求于我,都认为我比徐公美。如今齐国的土地方圆千里,有一百二十座城池,宫中妇女左右侍从,没有谁不爱大王的;朝廷众臣,没有哪个不敬畏大王的;国境之内,没有人不对大王有所求。由此看来,大王您受蒙蔽太厉害了!"威王说:"好!"于是下令:"群臣、官吏、百姓中，能当面指出我的过失的，授予上等赏赐；能上书规劝我的，授予中等的赏赐；能够在朝野指出我的过错，并且让我听到的，授予下等的赏赐。"

【原文】

令初下，群臣进谏，门庭若市。数月之后，时时而间进①。期年②之后，虽③欲言，无可进者。燕、赵、韩、魏闻之，皆朝于齐。此所谓战胜于朝廷。

——选自《战国策·齐策一》

注解

①间进：断断续续地进谏。间：间或，偶尔。 ②期(jī)年：一周年。 ③虽：即使。

【今译】

命令刚刚下发，大臣们都来进谏，宫门像集市一样拥挤、热闹。几个月之后，大臣们经常是隔一段时间来进谏。一年以后，即使想提建议，也没什么可说的了。燕、赵、韩、魏听说了，都到齐国来朝拜。这就是常言所说的（不用兵）在朝廷内部战胜敌人。

【释义】

邹忌是齐国的美男子，他以鼓琴见齐威王，大论琴道，受齐威王赏识，三月后，即受相印。然而邹忌不仅外表英俊，琴技超常，而且还善于辞令，他讽谏齐王采纳臣民谏言的故事堪称经典。他以生活琐事切入，亲切自然，缓和了君臣的等级对立。接着，邹忌由情入理，将妻、妾、客与齐王身边的宫妇左右、朝廷之臣、四境之民作类比，告诉齐王他们的赞美不是出于偏私，就是出于畏惧，不能被赞美之辞蒙蔽双眼。他的这番言辞，深深触动了齐威王，于是他广纳谏言，重赏谏者，政治清通，一时间齐国风尚为之改变。

"邹忌讽齐王纳谏"的故事给了我们不少启示。古语道"忠言逆耳"，直言进谏，人们的本能反应是反感，因此屈原遭逐，比干剖心这样的故事在历史上比比皆是。其实，劝谏是一门艺术，怎样委婉地提出建议，不让对方反感又直切要害，这是进谏者当考虑的。而齐威王勇于接受他人的建议，并及时改正，这种精神也是值得我们学习的。

齐宣王见颜斶

【原文】

齐宣王见颜斶①，曰："斶前！"斶亦曰："王前！"宣王不悦。左右曰："王，人君也。斶，人臣也。王曰'斶前'，亦曰'王前'，可乎？"斶对曰："夫斶前为慕势，王前为趋②士。与使斶为趋势，不如使王为趋士。"王忿然③作色④曰："王者贵乎？士贵乎？"对曰："士贵耳，王者不贵。"王曰："有说乎？"斶曰："有。昔者秦攻齐，令曰：'有敢去⑤柳下季垄⑥五十步而樵⑦采者，死不赦。'令曰：'有能得齐王头者，封万户侯，赐金千镒⑧。'由是观之，生⑨王之头，曾⑩不若死士之垄也。"宣王默然不悦。

注解

①颜斶(chù)：齐国隐士。　②趋：向，附。趋士，在文中指礼贤下士。　③忿然：同"愤然"，发怒的样子。　④作色：变脸色，脸上现出怒容。　⑤去：距离。　⑥柳下季垄：柳下惠墓。柳下惠，姓展，名禽，字季，鲁国贤人，因居于柳下，人称为柳下季。垄：坟冢。　⑦樵(qiáo)：打柴。　⑧镒(yì)：二十两为一镒。　⑨生：活。　⑩曾：还，尚。

【今译】

　　齐宣王召见齐人颜斶，对他说："颜斶，上前来！"颜斶也说"大王，上前来！"宣王很不高兴。左右近臣说："大王是人君，你是人臣；大王说'颜斶，上前来！'你也说'大王，上前来！'这可以吗？"颜斶回答说："我上前的话是趋炎附势，大王上前的话是礼贤下士；与其让我趋炎附势，还不如让大王礼贤下士。"宣王满面怒容，说："是王尊贵，还是士尊贵？"颜斶回答说？："士尊贵啊，王并不尊贵。"宣王说："可有什么说法吗？"颜斶说："有，从前秦国进攻齐国，秦王下令说：'有人敢到距离柳下季墓地五十步内砍柴的，判以死罪不予赦免。'又下令说：'有人能砍下齐王的头的，封邑万户，赐金二万两。'从这里看，活王的头，还不如死士的墓。"宣王听了，一声不吭，很不高兴。

【原文】

　　左右皆曰："斶来，斶来！大王据①万乘之地，而建千石②钟③，万石簴④。天下之士，仁义皆来役⑤处⑥；辩知并进⑦，莫不来语⑧；东西南北，莫敢不服。求万物无不备具⑨，而百姓无不亲附⑩。今夫士之高者，乃称匹夫⑪，徒步而处农亩，下则鄙野⑫、监门闾里⑬，士之贱也亦甚矣！"

注解

① 据：占有，拥有。　② 石(dàn)：一百二十斤为一石。
③ 钟：乐器。　④ 簴(jù)：古代悬挂钟磬的架子。　⑤ 役：使用。
⑥ 处：居住。　⑦ 并进：一起来。　⑧ 语：言，议论。此指出谋划策。　⑨ 备具：具备，齐备。　⑩ 亲附：爱护，拥戴。
⑪ 匹夫：普通老百姓。　⑫ 鄙野：边远、偏僻的地方。
⑬ 监门闾里：闾里巷口的看门人，相当于现在胡同口的看门人。

【今译】

左右近臣都说："颜斶过来！过来！大王拥有万乘大国的土地。立有千石重的大钟，万石重的钟架；天下仁德道义的士人都来到这儿居住为齐王服务；有口才有智谋的人无不来到齐国为齐王出谋划策；四方诸侯没有敢不服从齐王的；齐王所要的东西无不齐备；全国百姓无不拥护爱戴齐王。可现在，所谓的高尚之士，不过称作'匹夫'，徒步而行，身处农田，下等的士人住在穷乡僻壤，在地方里巷看守门户，士人的地位实在是太卑贱了。"

【原文】

斶对曰："不然。斶闻古大禹之时，诸侯万国。何则？德厚之道，得贵①士之力也。故舜起农亩，出于野鄙，而为天子。及汤之时，诸侯三千。当今之世，南面称寡②者，乃二十四。由此观之，非得失③之策与？稍稍④诛灭⑤，灭亡无族之时，欲为监门闾里，安可得而有乎哉？是故易传⑥不云乎：'居上位，未得其实⑦，以⑧喜其为名者，必以骄奢⑨为行。据⑩慢骄奢，则凶⑪从之。是故无其实而喜其名者削⑫，无其德而望其福者约⑬，无其功而受其禄者辱⑭，祸必握⑮。'故曰：'矜功不立⑯，虚愿不至⑰。'此皆幸乐⑱其名，华⑲而无其实德者也。是以尧有九佐⑳，舜有七友㉑，禹有五丞㉒，汤有三辅㉓，自古及今而能虚成名于天下者，无有。是以君王无羞㉔亟㉕问，不愧下学；是故成其道德而扬功名于后世者，尧、舜、禹、汤、周文王是也。故曰：'无形者，形之君也。无端者，事之本也。'夫上见其原㉖，下通其流㉗，至圣明学，何不吉㉘之有哉！老子曰：'虽贵，必以贱为本；虽高，必以下为基。'是以侯王称孤、寡、不谷㉙。是其贱之本与？夫孤寡者，人之困贱下位也，而侯王以自谓，岂非下人㉚而贵士与？夫尧传舜，舜传禹，周成王任周公旦㉛，而世世称曰明主，是以明乎士之贵也。"

注解

①贵：以……为贵，看重，敬重。　②南面称寡：向南称王。古代以座位面向南为尊位，故称居帝王之位为南面；古代帝王自称寡人，因此称寡意为称王。　③得失：得士失士。　④稍稍：

渐渐。　⑤诛灭：诸侯被杀戮、消灭。　⑥易传：解释《周易》的书。　⑦实：实质，此指内在的品德。　⑧以：而。　⑨骄奢：骄傲奢侈。　⑩据：同"倨"，倨傲。　⑪凶：灾祸，祸患。　⑫削：土地日益削减而国力衰弱。　⑬约：困窘的境遇。　⑭辱：可耻。　⑮握：同"渥"，深。　⑯矜功不立：好大喜功不能建立功业。　⑰虚愿不至：夸夸其谈而不付诸行动的人终究不能实现愿望。　⑱幸乐：喜爱。　⑲华：浮华。　⑳九佐：九位辅佐尧治理国家的官员。相传为：舜、契、禹、后稷、夔、倕、伯夷、皋陶、益。　㉑七友：辅佐舜的治国的七位官员。相传为：雄陶、方回、续牙、伯阳、东不訾、秦不虚、灵甫。　㉒五丞：辅佐禹治国的五位官员。相传为：益、皋陶、横革、真窥、之交。　㉓三辅：三位辅佐成汤的官员。相传为：谊伯、仲伯、咎单。　㉔羞：以……为耻辱。　㉕亟：屡次。　㉖上见其原：向上窥见事物的本源。　㉗下通其流：向下通晓事物之流变。　㉘不吉：对应上文"削"、"约"、"辱"之祸。　㉙孤、寡、不谷：诸侯王自称的谦辞。孤：意为孤独无助；寡：意为寡德之人；不谷：意为不善之人。　㉚下人：谦居人下。　㉛周公旦：周公，名旦，武王弟。武王死后，成王年幼，周公摄政。

【今译】

颜斶回答说："不对。我听说古代大禹之时，诸侯有一万多国。为什么会这样呢？是由于他们掌握了一整套教化道德，并且重视士人。所以舜帝出身于农亩之间，发迹于穷乡僻壤，最终成为天子。到了商汤时代，诸侯国也有三千个。可是到了现在，面南称诸侯的只不过二十四家。由此看来，这难道不是由于'得士'和'失士'的政策造成的吗？如果诸侯逐渐被杀戮、被消灭，到那时，就是想要做个里巷的看门人，又怎么可能呢？所以，《易经》上不是这样说吗：'高高在上的统治者，如果不重视德行，做些踏踏实实的工作，只是一味地喜欢标榜虚名，他们必然会以骄傲奢侈为正当行为；骄傲奢侈，那么灾祸必然随之而来。所以没有实际效用，却只喜欢空名的，国土将日益削减，国力将日益衰弱；没有好的德行，却希望幸福的，必然处境困窘；没有建立功勋，却只图享受俸禄的，必然蒙受侮辱。这一切必然招致深重的灾祸。所以说'好大喜功的人，必定不能建立功业；夸夸其谈而不付诸行动的人，终究不能实现他的愿望。'这些话都指那些只图虚名却没有实在德行的人。所以尧有九人辅佐，舜有七友相助，禹有五丞扶持，汤有三人辅弼。从古至今，只图虚名而能建功立业的，从未有过。所以国君不应该以经常向人请教为耻辱，不应该以向臣下学习而感到惭愧。这样，才能实现他们的德行与修养，而能传扬功名于后世，像尧、舜、禹、汤、周文王他们就是这样的。所以说：'无形的事物是有形事物的主宰；无端绪的事物正是事物发展的根本。'那些上能窥见事物的本源，下能通晓事物的流变，极为圣明且精通学问的人，怎么会遭到不测呢？《老子》说：'即使地位高贵也一定要以卑贱为根本，即使身处高位也一定要以卑下为基础。所以，侯王自称孤、寡、不谷，这不正是把卑贱作为根本吗？'所谓孤、寡，就是人们处于困窘、卑贱的地位。可是侯、王自己称孤道寡，难道不是侯、王谦居人下、重视士人的证明吗？尧传位于舜，舜传位于禹，周成王任用周公旦，世世代代都称赞他们为明君英主。这正是因为他们深知士人的可贵。"

【原文】

宣王曰："嗟乎！君子^①焉^②可侮^③哉，寡人自取病^④耳！及今闻君子之言，乃今^⑤闻细人^⑥之行，愿请受^⑦为弟子^⑧。且颜先生与寡人游^⑨，食必太牢^⑩，出必乘车，妻子衣服丽都^⑪。"

注解

①君子：符合统治阶级道德标准的人，人格高尚的人。
②焉：哪里，怎么。　③侮：侮辱。　④自取病：自讨苦吃。
⑤乃今：而今，如今。　⑥细人：小人。　⑦受：接受。
⑧弟子：学生。　⑨游：结交，交往。　⑩太牢：牛羊猪各一头称一太牢。　⑪都：美。

【今译】

宣王说："唉！品德高尚的人怎么能随便加以侮辱呢？我实在

是自讨没趣啊。至今我才了您的言论，现在我明白了不懂得尊重士人乃是小人的行为。希望您就收下我这个学生吧。而且颜先生若能与我交往，我将以上等宴席招待您，外出备有高级车马供您使用，妻子儿女穿着的服装也华贵。"

【原文】

颜斶辞去曰："夫玉生于山，制①则破焉②，非弗③宝贵矣，然夫璞不完。士生乎鄙野，推选④则禄焉，非不得尊⑤遂也，然而形神不全⑥。斶愿得归，晚食以当肉⑦，安步以当车⑧，无罪以当贵⑨，清静⑩贞正⑪以自虞⑫。制⑬言者王也，尽忠⑭直言⑮者斶也。言要道已备⑯矣，愿得赐归，安行⑰而反臣之邑屋⑱。"则再拜而辞去也。斶知足矣，归反于朴⑲，则终身不辱也。

——选自《战国策·齐策四》

注解

①制：加工，处理。　　②焉：代词，指玉。　　③弗：不。④推选：推举选拔。　　⑤尊：尊贵。　　⑥形神不全：精神本质已被伤害。　　⑦晚食以当肉：饭吃得晚一些，可是，因为肚子饿了，吃起来味道就香，就当是吃肉一样。　　⑧安步以当车：

安闲舒缓地散步就当作是乘车。　⑨无罪以当贵：不做官就不易获罪，也就算作是高贵。　⑩清静：远离尘世，不受外物干扰。⑪贞正：保持纯洁正直的节操。　⑫自虞：自乐。　⑬制：下令。⑭尽忠：竭尽忠诚。　⑮直言：毫无顾忌、直言不讳地提出建议。　⑯备：齐全。　⑰安行：安步。　⑱邑屋：本乡的家。⑲朴：本真。

【今译】

颜斶辞谢齐王，离开时说："璞玉生在深山中，经过加工，破璞而取玉，它的价值并非不宝贵，然而本来的面貌已不复存在了。士人生于穷乡僻壤之地，经过推举选拔而被任用，享有爵禄，他并非不尊贵、不显赫，可是他的精神本质已被伤害。我希望回到我的乡里，晚点吃饭就当吃肉，悠闲散步当作乘车，不犯王法权当富贵，远离世俗、纯洁正直，自得其乐。如今发号施令的，是大王您；而竭尽忠心直言进谏的是颜斶我。我的主要意见已经说全了，希望您允许我回去，平平安安地回到我的家乡。"于是，他拜了两拜而后告辞离开了。颜斶可以说是知足的了，他回到乡野，归于本真，这样终身不受侮辱。

【释义】

　　到了战国时代，士人在政治上发挥着越来越大的作用，得士与失士常常关系到国家的盛衰存亡，但在观念上，士人的地位仍然不高，因此，齐宣王和他的左右一致认为"王者贵，士人贱"，不足为怪。本章开头，齐宣王摆出了国君的架子，一副盛气凌人的样子，而高士颜斶却针锋相对，提出了"士贵耳，王者不贵"的观点，并且援引了典故，使齐宣王转怒为恭，欲拜之为师，财富、爵禄任其选择。在当时的情况下，颜斶能当着一国之君的面直谏"民贵君轻"是需要一定的勇气的，然而，更令人敬佩的是，当齐宣王想用爵位厚禄将他留在宫中时，颜斶却拒绝了，他宁愿"晚食以当肉、安步以当车"，比起那些朝秦暮楚的策士来，颜斶的不畏强权、不慕富贵的确让人钦佩。而他直言进谏齐宣王确实起到了作用，而后，齐宣王不惜耗费巨资招集天下各派文人学士来到齐国"稷下"，使"稷下学宫"进入鼎盛时期。稷下学宫集中了儒、墨、道、法、兵、刑、阴阳、农、杂各学派的学人，著书立说，形成了前所未有的百家争鸣、群星荟萃的局面。

荆宣王问群臣

【原文】

荆宣王①问群臣曰："吾闻北方②之畏昭奚恤③也，果诚④何如？"群臣莫对。江乙⑤对曰："虎求百兽而食之，得狐，狐曰：'子无敢食我也。天帝使我长⑥百兽，今子食我，是逆⑦天帝命也。子以我为不信⑧，吾为子先行，子随我后，观百兽之见我而敢不走⑨乎？'虎以为然⑩，故遂与之行。兽见之皆走。虎不知兽畏己而走也，以为畏狐也。今王之地方⑪五千里，带甲百万，而专属⑫之昭奚恤。故北方之畏奚恤也，其实畏王之甲兵也，犹百兽之畏虎也。"

——选自《战国策·楚策一》

注解

①荆宣王：楚宣王，名良夫，肃王之子。荆，古代楚国别称，因其原来建国于荆山一带故名。　②北方：中原各国。　③昭奚恤：楚国名将。　④果诚：果真，确实。　⑤江乙：楚臣，魏人。　⑥长：统领。　⑦逆：违背。　⑧信：诚实。　⑨走：逃跑。　⑩然：对。　⑪地：土地。方：方圆。方，一说"见方"。　⑫属：同"嘱"，托付。

虎不知兽畏己而走也，以为畏狐也。

【今译】

楚宣王问群臣:"我听说北方诸侯都很害怕昭奚恤,确实是这样吗?"群臣没有人回答。江乙回答说:"老虎寻求各类野兽吃,抓到一只狐狸。狐狸说:'你不敢吃我。天帝派我来统领百兽,今天你吃了我,这是违背天帝的命令。你(若是)不相信我,我走在你前面,你跟在我后面,看看百兽见到我敢不逃跑吗?'老虎认为它说得有道理,因此就和它一起走。野兽们见到他们都逃跑了。老虎不知道野兽是害怕自己而逃跑的,以为它们畏惧狐狸。如今大王您的国土纵横五千里,披铠甲的士兵有百万之众,而专门委托给昭奚恤一人。所以说北方诸侯畏惧昭奚恤,那实际上是畏惧大王您的军队啊,就好像百兽畏惧猛虎那样。"

【释义】

本文中,江乙巧妙地运用"狐假虎威"的寓言,回答楚宣王北方诸侯畏惧昭奚恤的原因,不仅让楚宣王心满意足,也借此讽刺了像昭奚恤那样借他人权势招摇撞骗、作威作福之人,而《战国策·楚策》中有多篇记载了"江乙恶昭奚恤"的言辞,我们也可从侧面看出战国朝堂上臣子之间颇为激烈的竞争。

战国策士善于用比喻来作劝谏之用,庄子、孟子、韩非莫不善此道。其实《诗经》以及中国历代诗歌,乃至国外一切文艺作品皆有用比喻的。它能使人更易明白。钱钟书还说"喻之二柄",

即同一比喻有褒义也有贬义。此则江乙答楚王正可作例证。希望读者稍稍留意于此。

庄辛谓楚襄王

【原文】

庄辛①谓楚襄王②曰："君王左州侯③，右夏侯④，辇从⑤鄢陵君⑥与寿陵君⑦，专淫逸⑧侈靡⑨，不顾国政，郢都必危矣！"襄王曰："先生老悖⑩乎？将以为楚国祅祥⑪乎？"庄辛曰："臣诚⑫见其必然⑬者也，非敢以为国祅祥也；君王卒⑭幸⑮四子者不衰，楚国必亡矣。臣请辟⑯于赵，淹留⑰以观之。"

注解

①庄辛：楚国大夫。　②楚襄王：楚顷襄王。　③州侯：楚顷襄王宠臣，封于州邑，在今湖北省监利县。　④夏侯：楚顷襄王宠臣，封于夏邑，在今湖北省武汉市。　⑤辇(niǎn)从：

君王左州侯，右夏侯，辇从鄢陵君与寿陵君，专淫逸侈靡，不顾国政，郢都必危矣！

尾随车后。辇，本指人推挽之车。秦汉后特指君后所乘之车。
⑥鄢陵君：楚顷襄王宠臣，封于鄢陵，在今河南省鄢陵县。
⑦寿陵君：楚顷襄王宠臣，封于寿陵，在今安徽省寿县。
⑧淫逸：没有节制地寻欢作乐。　　⑨侈靡：奢侈浪费。　　⑩悖：
错乱，昏乱。　⑪袄祥：妖孽。袄：同"妖"。　⑫诚：实在，
确实。　⑬然：这样。　⑭卒：最终，始终。　⑮幸：宠爱。
⑯辟：同"避"，躲避。　⑰淹留：停留。

【今译】

庄辛对楚顷襄王说："大王您的左边是州侯，右边是夏侯，车后又尾随着鄢陵君与寿陵君，一味地寻欢作乐、奢侈浪费，不理国事朝政，这样下去郢都必定遭遇危险！"顷襄王说："先生是老糊涂了吧？还是认为楚国遇到了妖孽？"庄辛说："我确实看到了事态发展必定会如此，并不敢认为国家遇到了妖孽；大王您要是始终宠幸这四个人而不知自制，楚国一定会灭亡的。请允许我到赵国躲避，留在那儿静观事态发展。"

【原文】

庄辛去①之赵，留五月，秦果举②鄢郢、巫、上蔡、陈之地，

襄王流揜③于城阳。于是使人发驺④，征⑤庄辛于赵。庄辛曰："诺。"

注 解

①去：离开。　②举：攻克，占领。　③流揜(yǎn)：流亡。
④驺(zōu)：骑马的侍从。　⑤征：召请。

【今译】

庄辛离开楚国来到赵国，在那儿住了五个月，秦国果然攻占了鄢郢、巫、上蔡、陈这些地方，顷襄王流亡到了城阳。在这时派人率骑士到赵国召请庄辛。庄辛说："好吧。"

【原文】

庄辛至，襄王曰："寡人不能用先生之言，今事至于此，为之奈何？"庄辛对曰："臣闻鄙语①曰：'见菟②而顾③犬，未为晚也；亡④羊而补牢⑤，未为迟也。'臣闻昔汤、武以⑥百里昌⑦，桀、纣以天下亡。今楚国虽小，绝⑧长续短，犹以⑨数千里，岂特⑩百里哉？

见菟而顾犬，未为晚也；亡羊而补牢，未为迟也。

注解

①鄙语：俗话。　②菟：同"兔"。　③顾：回头看。　④亡：丢失。　⑤牢：养牲口的圈，这里意为羊圈。　⑥以：凭借。⑦昌：兴盛。　⑧绝：断绝，截取。　⑨犹以：还有。　⑩特：只，止。

【今译】

庄辛来到阳城驻地，顷襄王说："我没能听先生的劝告，如今让事态发展到这个地步，我该怎么办呢？"庄辛回答道："我听闻俗话说：'看见野兔再回头叫猎狗，还不算太晚；丢失羊以后再补羊圈，也不算太迟。'我听说过去商汤、周武凭借百里之地兴盛，夏桀、商纣坐拥整个天下却灭亡了。如今楚国虽然小，但截长补短，还有几千里，难道只是一百里吗？"

【原文】

"王独①不见夫②蜻蛉③乎？六足四翼，飞翔乎天地之间，俯啄蚊虻而食之，仰承④甘露而饮之，自以为无患，与人无争也。不知⑤夫五尺童子，方⑥将调鈆⑦胶⑧丝，加己乎四仞⑨之上，而下为

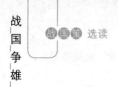

蝼蚁⑩食也。"

注解

①独：岂，难道。　②夫：那。　③蜻蛉：与蜻蜓外形极为相似，只是蜻蛉的飞行区域不广，而蜻蜓能远飞。　④承：接。
⑤不知：不料。　⑥方：正。　⑦鉊：当为"饴"，糖浆。
⑧胶：黏合。　⑨仞：八尺，一说七尺。　⑩蝼蚁：蝼蛄、蚂蚁这样的小生物。蝼：蝼蛄，俗称土狗。

【今译】

"大王难道没看见那些蜻蛉吗？它们长着六条腿四只翅膀，在天地之间飞翔，低头啄蚊虫牛虻把它们吃了，仰头接着甘甜的露珠把它们喝了，自己认为没有忧患，和他人没有什么争执。它们没料到那五尺孩童，正在调稀糖浆把它黏合到丝网上，蜻蛉在离地面四仞的地方飞着，却被胶丝加在身上粘住了，它们落下来后就会被蝼蛄蚂蚁这样的小生物吃了。"

【原文】

"蜻蛉其小者也，黄雀因是以①。俯啄②白粒，仰栖茂树，鼓③

翅奋④翼，自以为无患，与人无争也。不知夫公子王孙左挟⑤弹，右摄⑥丸，将加己⑦乎十仞之上，以其类⑧为招⑨。倏忽⑩之间，坠于公子之手。昼游乎茂树，夕调乎酸咸⑪。"

注 解

①因是以：如同这样。　②嚘：同"啄"。　③鼓：振动。
④奋：振翅。　⑤挟：通"夹"，带。　⑥摄：持，携带。
⑦己：自己，此指黄雀。　⑧类：当为"颈"，脖子。　⑨招：即"的"，目标，靶子。　⑩倏忽：极短的时间内。　⑪调乎酸咸：用醋和盐调味，意为做成菜肴。

【今译】

"蜻蛉的事可能算得小事，黄雀（若不以蜻蛉为鉴）会遭到蜻蛉同样的命运。黄雀俯下身去啄白米，仰起身来栖息在茂密的树丛中，鼓动翅膀振作双翼，自认为没有忧愁，和他人没有什么争端。它们没有料到那些公子王孙左手拿着弹弓，右手持着弹丸，将要对准七十尺的高空射击自己，把它们的脖颈作为靶子。在顷刻之间，就落到那些王孙公子手中了。白天还在茂密的树丛中游戏，晚上就与醋盐调和在一起做成菜肴。"

【原文】

"夫雀其小者也，黄鹄①因是以。游于江海，淹②乎大沼③，俯喝鳝鲤，仰啮④菱⑤荇⑥，奋其六翮⑦，而凌⑧清风，飘摇⑨乎高翔，自以为无患，与人无争也。不知夫射者，方将修其碆卢⑩，治其矰缴⑪，将加己乎百仞之上，彼劒磻⑫，引⑬微缴⑭，折清风而陨⑮矣。故昼游乎江河，夕调乎鼎鼐⑯。"

注 解

①黄鹄(hú)：天鹅。　②淹：休息，停留。　③大沼：大池子。
④啮：咬。　⑤菱：菱角。　⑥荇：同"荇"(xìng)，水草。
⑦翮(hé)：大羽毛之茎，此指鸟的翅膀。　⑧凌：驾，乘。
⑨飘摇：随风飘动。　⑩碆(bō)卢：石制箭头和黑色的弓。碆：石制箭头；卢：黑色的弓。　⑪矰(zēng)缴(zhuó)：系有丝线的箭。矰：一种用丝绳系住以便于射飞鸟的短箭；缴：系在箭上的丝绳。　⑫劒(jiàn)磻(bō)：锐利的箭头。劒：锐利；磻：同"碆"，石制箭头。　⑬引：牵，托。　⑭微缴(zhuó)：细丝绳。　⑮陨(yǔn)：同"陨"，陨落，坠落。　⑯鼐(nài)：大鼎。

【今译】

"那黄雀还是小事，黄鹄（的命运）更像是这样。悠游在江海之上，栖息于大泽之中，俯身啄食鳝鲤，仰头咬食菱角水草，振奋它的翅膀，乘着清风，在空中飘飘摇摇高高飞起，自认为没有灾祸，和他人没有什么争端。它没有料到那射箭人，正在修理他那石制的箭头和黑色的弯弓，整理他那系着丝线的利箭，将要朝向七百尺的高空射击自己，它被利箭射中，拖着细细的丝绳，在清风中折翅陨落下来。所以说它白天在江河悠游，晚上在大鼎中被烹调。"

【原文】

"夫黄鹄其小者也，蔡圣侯之事因是以。南游乎高陂，北陵①乎巫山，饮茹溪②流，食湘波之鱼，左抱幼妾，右拥嬖女③，与之驰骋乎高蔡之中，而不以国家为事。不知夫子发④方受命乎宣王⑤，系⑥己以朱丝⑦而见之也。"

注解

①陵：登。　　②茹溪：水名，在今四川省境内。　　③嬖女：宠爱的妃子。　　④子发：名舍，楚国令尹。　　⑤宣王：楚宣王。⑥系：捆绑。　　⑦朱丝：红色的丝绳。

【今译】

"那天鹅的事还是小事，蔡圣侯（的命运）更是如此。他曾南

到高丘游玩，北登巫山之顶，喝着茹溪之水，吃着湘江之鱼，左
手抱着年少的小妾，右手拥着宠爱的妃子，和她们纵马奔驰在高
蔡之中，却不管国家政事。他哪里知道那子发正接受楚宣王的命令，
将要用红绳捆住自己去见宣王。"

【原文】

"蔡圣侯之事其小者也，君王之事因是以。左州侯，右夏侯，
辈①从鄢陵君与寿陵君，饭②封禄之粟，而戴③方府④之金，与之驰
骋乎云梦之中，而不以天下国家为事。不知夫穰侯⑤方受命乎秦
王⑥，填⑦黾塞⑧之内，而投⑨己乎黾之外。"

注解

①辈：当为"辇"。　②饭：吃。　③戴：当为"载"，用
车装载。　④方府：国库。　⑤穰侯：魏冉，为秦相。
⑥秦王：秦昭王。　⑦填：同"镇"，镇守。　⑧黾塞：平靖关，
在今河南省信阳市西南，是楚国的险塞，为兵家必争之地。
⑨投：弃，驱逐。

【今译】

"蔡圣侯的之事还是小事呢，大王您的事也是如此。您左边是州侯，右边是夏侯，车后跟着鄢陵君和寿陵君，吃着封邑进奉的粮食，用车装载着国库里的黄金，和他们遨游在云梦泽之中，却不把天下国家当作一回事。您不知道那穰侯正接受秦王进攻的命令，（攻下郢都）镇守平靖关，把大王您驱逐出平靖关。"

【原文】

襄王闻之，颜色变作①，身体战栗。于是乃以执珪②而授之，为阳陵君，与③淮北之地也。

——选自《战国策·楚策四》

> **注解**
> ①作：变，改变。 ②执珪(guī)：爵位，楚国的最高爵位。
> ③与：应作"举"，收复，占领。

【今译】

顷襄王听了，脸色大变，身体颤抖。于是把执珪的爵位授予庄辛，封他为阳陵君（在庄辛的帮助下），收复了淮北之地。

【释义】

春秋、战国时代，没有永恒的霸主、雄主，有不少诸侯国国势由盛及衰，进而消失于历史的硝烟之中，其原因多种多样。而其中，朝廷奸佞当道，国君淫逸奢靡，不以国事为念是重要因素。楚顷襄王浪漫风流，相传因与辞赋家宋玉共游云梦台，梦高唐神女而"声名远播"，所以他亲小人远贤臣，丢失两湖之地，也是其治国的必然结果。屈原的千古名作《哀郢》正是在这样的背景下写出的。

文中，庄辛两谏顷襄王，头一次在失郢都前，他直言劝谏楚王远小人，正所谓"忠言逆耳"，昏聩的楚王对庄辛的劝谏不以为然。痛失郢都、流亡城阳后，楚王又想到了庄辛，这一次进谏，庄辛的语气似乎也不像前一次那样尖锐而凌厉了，他用"见兔顾犬"、"亡羊补牢"的典故安慰楚王：过去的错误无法补救，如今再努力仍来得及。继而运用一连串比喻，由小及大，由此及彼，告诫楚王"亲贤臣，远小人"，令楚王"颜色变作，身体战栗"，无言以对。庄辛的这篇说辞，具有很强的说服力、感染力，其铺陈排比具有辞赋的特点，被誉为"策赋"，是艺术性与思想性兼具的篇章。同样，此则的精彩处在于运用博喻。

楚考烈王无子

【原文】

楚考烈王无子，春申君患①之，求妇人宜子②者进③之甚众，卒④无子。

注　解

①患：担心，担忧。　②宜子：富有生育能力。　③进：献，进献。　④卒：最终。

【今译】

楚考烈王没有儿子，春申君对此颇为担忧，寻求富有生育能力的妇人进献给考烈王，进献了许多妇人，始终没能生儿子。

【原文】

赵人李园①持其女弟欲进之楚王，闻其不宜子②，恐又无宠③。李园求事春申君为舍人。已而④谒归⑤，故⑥失期⑦。还谒，春申君问状⑧，对曰："齐王遣使求臣女弟，与其使者饮，故失期。"春申君曰："聘入乎⑨？"对曰："未也。"春申君曰："可得见乎？"曰："可。"于是园乃进其女弟，即幸⑩于春申君。知其有身⑪，园乃与其女弟谋。

注解

①李园：春申君小吏。　　②闻其不宜子：听说楚考烈王没有生育能力。　　③无宠：不受宠。　　④已而：不久以后。⑤谒归：告假回去。　　⑥故：有意。　　⑦失期：错过指定期限，迟到。　　⑧问状：询问误期的原因。　　⑨聘入乎：下聘礼了没有，订婚了没有。　　⑩幸：受宠幸。　　⑪身：身孕。

【今译】

赵人李园想把自己的妹妹献给考烈王，可是听说楚考烈王没有生育能力，又担心妹妹将来得不到考烈王的宠爱。李园就请求侍奉春申君成为他的舍人，当上舍人不久，请假回家，又故意晚归。回来拜见春申君，春申君问起迟到的原因。李园回答说："齐王派人来娶我的妹妹，我和使者喝酒，结果耽误了回来的时间。"春申君说："送过聘礼了吗？"李园说："还没有。"春申君说："可以让我见一下令妹吗？"李园说："可以。"于是李园就把妹妹进献给春申君，立刻就得到春申君的宠爱。李园得知妹妹有了身孕，就和妹妹商量了一个计谋。

【原文】

　　园女弟承间①说春申君曰："楚王之贵幸②君，虽兄弟不如。今君相楚王二十余年，而王无子，即③百岁后④，将更立⑤兄弟。即楚王更立，彼亦各贵其故⑥所亲，君又安得长有宠乎？非徒⑦然也，君用事⑧久，多失礼于王兄弟，兄弟诚⑨立，祸且及身，奈何⑩以保相印、江东之封⑪乎？今妾自知有身矣，而人莫知。妾之幸君未久，诚以君之重⑫而进妾于楚王，王必幸妾。妾赖天而有男，则是君之子为王也，楚国封尽可得，孰与⑬其临⑭不测之罪乎？"春申君大然⑮之。乃出园女弟谨舍⑯，而言之楚王。楚王召入，幸之，遂生子男，立为太子，以李园女弟立为王后。楚王贵⑰李园，李园用事。

> **注解**
>
> ①承间：找机会，趁机。　②幸：宠爱。　③即：如果。
> ④百岁后：死后。　⑤更立：改立，继立。　⑥故：过去的。
> ⑦徒：仅仅。　⑧用事：受重用。　⑨诚：果真。　⑩奈何：
> 怎么。　⑪封：封地。　⑫重：尊贵的地位。　⑬孰与：和……
> 比起来哪个更……。　⑭临：遭受。　⑮然：认为对，同意。
> ⑯谨舍：严加警卫的住处。（因为李园妹怀孕，此事不能泄露。）
> ⑰贵：使……尊重，重用。

【今译】

　　李园妹妹对春申君说："君王看重你、宠信你，即使是兄弟也比不上。现在你当楚国相国已经二十多年，可楚王还没有儿子。等到楚王死后，必然改立兄弟为王。楚国王位更换，（新王）必然重用自己的旧有亲信，您又怎么能长久得到宠信呢？不仅如此，您掌握实权的时间又长，难免对大王兄弟有许多失礼得罪之处。将来大王兄弟如果真能登上王位，您定将身受大祸，又怎能保全相国之位和江东的封地呢？现在臣妾已经知道自己怀有身孕，其他人谁也不知道。臣妾受您的宠爱还不算久，假如能凭借您的高贵身份而把臣妾献给楚烈王，那楚列王必然会宠爱臣妾。要是臣妾能得上天保佑生个儿子，那就是您的儿子成了楚王，到那时楚国的所有土地都可以得到，这和您将要面临深不可测的祸患相比，哪一个更好呢？"春申君认为这话很对，就把李园的妹妹迁到一个警卫森严的地方，并向楚王推荐李园的妹妹。楚王把李园妹妹招来后，非常宠爱她，后来生了一个男孩，就把他立为太子，将李园的妹妹封为皇后。考烈王也很重用李园，李园也就掌握了实权。

【原文】

李园既入其女弟为王后，子为太子，而益骄①，恐春申君语泄，阴②养死士③，欲杀春申君以灭口。而国人颇有知之者。

注 解

①骄：骄纵，骄横。　　②阴：暗中。　　③死士：敢死之士，指刺客。

【今译】

李园已经把自己妹妹送入官成了王后，所生的孩子又成了太子，越发骄纵，非常害怕春申君泄漏内幕，因此就暗中豢养刺客，以此杀死春申君灭口。但楚国有不少人知道这件事。

【原文】

春申君相楚二十五年，考烈王病。朱英谓春申君曰："世有无妄①之福，又有无妄之祸；今君处无妄之世，以事无妄之主，安不有无妄之人乎？"春申君曰："何谓无妄之福？"曰："君相楚二十余年矣，虽名为相国，实楚王也。五子皆相诸侯。今王疾甚，旦暮②且崩③，太子衰弱，疾而不起，而君相少主，因而代立当国④，如伊尹、周公。王长而反政⑤，不即遂南面称孤⑥，因而有楚国。此所谓无妄之福也。"春申君曰："何谓无妄之祸？"曰："李园不治国，王之舅也，不为兵将，而阴养死士之日久矣。楚王崩，李园必先入，据⑦本议⑧，制断⑨君命，秉权⑩而杀君以灭口。此所谓无妄之祸也。"春申君曰："何谓无妄之人？"曰："君先仕⑪臣为郎中⑫，君王崩，李园先入，臣请为君劖⑬其胸杀之。此所谓无妄之人也。"春申君曰："先生置⑭之，勿复言已。李园，软弱人也，仆又善之，又何至此？"朱英恐，乃亡去。

注解

①无妄：意外的，非常的，不可预料的。　②旦暮：早晚。　③崩：驾崩。　④代立当国：代替君主治理国家。　⑤反政：归还政权。反通"返"。　⑥不即遂南面称孤：不然就干脆面南称王。　⑦据：按照。　⑧本议：原定的计谋。　⑨制断：专断。　⑩秉权：掌权，掌握大权。　⑪仕：做官。此指任命。　⑫郎中：武装侍卫于宫中的宫。　⑬劖(chōng)：刺。　⑭置：搁起来。

【今译】

当春申君任楚相国第二十五年时，考烈王得病了。朱英对春申君说："世间有出人意料的鸿福，也有始料不及的横祸。现在您正处在出人意料的世界里，去侍奉出人意料的君主，怎么能没有出人意料之人（相助）呢？"春申君说："什么叫出人意料的福呢？"朱英说："您当楚国的相国已经二十多年了，虽然名义上是楚国的相国，实际上就是楚国的君主。五个儿子都当上了诸侯的相国。

现在君王病得很重，早晚是会死的，太子又年幼弱小，您就得做少主的相国，就得代少主掌管国政，就像伊尹和周公一样，等少主长大后再让他亲政，不然，您就面南称王，趁此完全拥有楚国的土地。这就是所谓出人意料的福。"春申君问："那什么叫出人意外的祸呢？"朱英说："李园不是治理国家的相国，而是君王的大舅子。他不是领兵大将，却在暗中豢养刺客，这事已经很久了。楚王一死，李园必定率先入宫，按照原本的计划，假传君王命令，杀死阁下灭口，这就是所谓意想不到的祸。"春申君说："什么叫意想不到之人呢？"朱英说："阁下先任命我为郎中卫士官，君王死后，李园一定先入宫，请让我为您以利剑刺入他的胸膛把他杀死，这就是所谓意想不到的人。"春申君说："先生搁下这事吧，也别再提这事了，李园只是个软弱、老实的人，我又和他很要好，怎么会到这种地步呢？"朱英（一看春申君不采纳自己的建议）心里便害怕起来，就赶紧逃离了楚国。

【原文】

后十七日，楚考烈王崩，李园果先入，置死士止于棘门①之内。春申君后入，止②棘门。园死士夹刺春申君，斩其头，投之棘门外。

于是使吏尽灭春申君之家。而李园女弟——初幸春申君有身，而入之王——所生子者遂③立为楚幽王也。

注解

①棘门：亦为"戟门"，古代宫门插戟，所以宫门别称"戟门"。
②止：之，到。　③遂：于是。

【今译】

十七天后，楚考烈王驾崩，李园果然抢先入宫，暗中在宫门内布置刺客。当春申君晚一步入宫，到棘门时，李园的刺客从门两边夹击刺死春申君，然后砍下他的头丢到棘门外，同时又派人消灭了春申君的家族。李园的妹妹——起初被春申君宠幸，而后又进献给考烈王——所生的孩子，于是被立为幽王。

【原文】

是岁①秦始皇立九年矣。嫪毐②亦为乱于秦，觉，夷③三族④，而吕不韦废。

——选自《战国策·楚策四》

注解

①是岁：这年。　　②嫪(lào)毐(ǎi)：秦宦官，与秦始皇母私通。
③夷：灭。　　④三族：父族、母族、妻族。　　⑤废：罢黜。

【今译】

这一年秦始皇即位九年。嫪毐也在秦国为乱，事情败露了，被灭三族，吕不韦也因此被废黜。

【释义】

中国古代社会，攫取权力的方式有多种多样，与王室缔结姻亲就是其中最为常见的一种，所谓母以子贵，女子能顺利地诞下王嗣，那么整个家族将鸡犬升天。汉高祖之吕后，汉武帝之卫皇后，乃至许多外戚之家，她们身后的家族无一不是靠与王室缔结姻亲而煊赫一时的，为此，司马迁特意撰写《外戚世家》记录汉室外戚之行迹，自此与皇室有姻亲关系者被统称为"外戚"。

"外戚"之称自司马迁始，然而"外戚"关系古已有之，本章中，李园苦心经营、处心积虑将妹妹送进宫，无非就是想借"外戚"身份飞黄腾达。李园最为高明的一着是他没有直接向楚考烈王进献妹妹，而是通过了春申君这个跳板使他的妹妹成为王后。此后春申君的每一步都在李园的掌控算计之中，战国四君子之一的春申君也因此不得善终。究其原因：其一，贪恋权势，进退失据。春申君将有身孕的宠姬献给考烈王，就是生怕考烈王百年之后，新国君不待见自己，而李园所以能成功地实现计划，就是看中了他想要世世代代永葆爵禄的想法。其二，不善纳谏，俗话说：当断不断反受其乱。此节亮点在揭露宫廷内幕，使人眼前一亮：太阳底下果真没新鲜事。

客 见 赵 王

【原文】

客见赵王①曰："臣闻王之使人买马也，有之乎？"王曰："有之。""何故至今不遣？"王曰："未得相马之工②也。"对曰："王何不遣建信君③乎？"王曰："建信君有国事，又不知相马。"曰："王何不遣纪姬④乎？"王曰："纪姬妇人也，不知相马。"对曰："买马而⑤善，何补⑥于国？"王曰："无补于国。""买马而恶⑦，何危⑧于国？"王曰："无危于国。"对曰："然则买马善而若⑨恶，皆无危补于国。然而王之买马也，必将待工。今治天下，举错⑩非也，国家为虚戾^⑪，而社稷不血食^⑫，然而王不待工^⑬而与建信君，何也？"
赵王未之应^⑭也。

注解

①赵王：赵悼惠王。　②工：善于相马的人。　③建信君：
赵国贵幸之臣子。　④纪姬：赵王妃嫔。　⑤而：如果。
⑥补：益。　⑦恶：坏，不好。　⑧危：损害，危害。
⑨而若：或。　⑩举错：指国家的政治措施。错，同"厝"，措
施。　⑪虚戾：亦作"虚厉"，田舍荒废，人民灭绝。　⑫血
食：受享的祭品。　⑬工：此指善于治国家的人。　⑭未之应：
即"未应之"，之：指代上面提的问题。

【今译】

有位客人拜见赵王说："我听说大王派人去买马，有这回事
吗？"赵王说："有这回事。""那您为什么到现在还不派人呢？"
赵王说："没有找到善于相马的人。"客人问："大王为什么不派建
信君去呢？"赵王说："建信君有公事，他又不懂得相马。"客人说：
"大王为什么不派纪姬呢？"赵王说："纪姬是女人，不懂得相马。"
客人问："买到好马，对国家有什么利益？"赵王说："对国家没有
什么利益。""买到坏马，对国家有什么危害？"赵王说："对国家
没有什么危害。"客人问："既然买到好马或坏马对国家没有利益
或危害，大王买马却一定要等待会相马的人。现在大王您治理国家，

政治措施不当，国家衰败，将成为废墟，甚至不能继续祖宗的祭祀，可是大王不等待善于治理国家的人，却把大权交给了建信君，这是为什么？"赵王无言而对。

【原文】

客曰："燕郭①之法，有所谓桑雍②者，王知之乎？"王曰："未之闻③也。""所谓桑雍者，便辟④左右之近者，及妇人优爱⑤孺子⑥也。此皆能乘王之醉昏而求所欲于王者也。是能得之乎内，则大臣为之枉法⑦于外矣。故日月晖⑧于外，其贼⑨在于内；谨备其所憎，而祸在于所爱⑩。"

——选自《战国策·赵策四》

注解

①燕郭：一说"郭偃"，晋善卜的大夫。　②桑雍：一说"柔痈"，指那些柔媚其君而为患于内的人。　③未之闻：即"未闻之"，之：指代上面说的情况。　④便辟：亲近的宠爱者。　⑤优爱：甚爱，宠爱。　⑥孺子：年轻的美女。　⑦枉法：为得私利而歪曲、破坏法律。　⑧晖：一说当为"周晕"，当日环食时，太阳的中心部分黑暗，边缘仍然明亮，形成光环。"周晕"即那层"光

环"。因为太阳的中心部分黑暗，所以说"贼在于内"。　⑨贼：
祸害。　⑩"谨备"一句：对其所憎恶者，总是小心谨慎地加
以戒备；而对其所亲爱者，则纵情放任。然而事实是：祸患不在"所
憎"，恰恰发生在"所爱"。

【今译】

客人说："郭偃之法，有所谓'柔痈'的说法，大王知道吗？"
赵王说："没有听说过。""所谓'柔痈'就是指国君所宠爱的左右
亲近、国君的夫人、宠爱的年轻美女。这些人都是些能乘国君醉
昏之时对国君任意提出要求，并能得到满足的人。这些人的欲望
如果在朝中得以满足，那么，大臣就能在外贪赃枉法，为非作歹了。
所以，太阳和月亮如果被蚀，它四周仍有光辉，但祸害却是藏在
内部的黑暗处；对于所憎恶的人，虽然总是小心谨慎地加以戒备，
可是祸害（往往不发生在'所憎'的人身上）反而发生在'所爱'
的人身上啊！"

【释义】

"客"为假设之人，本章借"客"对赵王买马之行为的谏言，
来说明国君治国之理。无论就劝诫艺术还是内容而言，都堪称经典。
首先，他设计了一连串问题，先是问赵王，既然要买马为什么还
不派人去呢？当赵王回答没有合适的人选时，他故意推荐了两个

人，一个是赵王的宠臣建信君，一个是赵王的宠妃纪姬，在得到大王的否定后，他接着问买马对国家有什么用处，这一问自然地过渡到了他的主题——治国，买马既然要等合适的人选，治国为什么不呢？而后，又以日环食现象暗喻赵国的现状，而他的论点"谨备其所憎，而祸在于所爱"则道出了人之常情：人们对于所憎恶的事物，总是小心谨慎地加以戒备，可是祸害往往不发生在'所憎'的人身上，反而经常发生在'所爱'的人身上。先用"归谬法"：层层推进、此见其行为荒谬。然后用比喻方式亮出自己的观点，使赵王自见行为不当又无法反驳。

赵太后新用事

【原文】

赵太后①新用事，秦急②攻之。赵氏求救于齐。齐曰："必以长安君③为质④，兵乃⑤出。"太后不肯，大臣强⑥谏⑦。太后明⑧谓左右："有复言令长安君为质者，老妇必唾⑨其面。"

注 解

①赵太后：赵威后，赵惠文王妻、赵孝成王母。　②急：快速，加紧。　③长安君：赵太后少子。　④质：人质。　⑤乃：才。　⑥强（qiǎng）：极力，竭力。　⑦谏：规劝国君、尊长或朋友，使之改正错误。　⑧明：明确地，公开地。　⑨唾：吐口水。

【今译】

　　赵威后刚刚执掌朝政，秦国加紧攻打赵国。赵国向齐国请求救援。齐国提出："一定要以长安君为人质，齐兵才出征（援赵）。"赵威后不同意，大臣们竭力规劝。威后明确地告诉左右侍从："有人要再敢说让长安君作人质，老妇我一定吐他一脸口水。"

【原文】

　　左师触詟①愿见太后，太后盛气而揖②之。入而徐③趋④，至而自谢⑤，曰："老臣病足，曾⑥不能疾走，不得见久矣。窃⑦自恕，而恐太后玉体必有所郄⑧也，故愿望见太后。"太后曰："老妇恃⑨辇而行。"曰："日⑩食饮得无衰乎⑪？"曰："恃鬻⑫耳。"曰："老臣今者⑬殊不欲食，乃自强步，日三四里，少益耆⑭食，和⑮于身也。"太后曰："老妇不能。"太后之色少解⑯。

【注解】

①触詟:《史记》作"触龙"。根据王念孙考证及近年发掘之《战国纵横家书》,"触詟"乃"触龙言"三字连写之误。据《通鉴胡注表微》:"春秋时宋国之官有左右师,上卿也。赵以触龙为左师,盖冗散之官,以优待老臣者也。" ②揖:应当作"胥"。下文言"入而徐趋",此时触龙尚未入,何言"揖之"? 隶书"胥"与"昰"相似,后人将两字搞混。胥:等待。 ③徐:缓缓地。 ④趋:小步快走,古代的一种礼节,表恭敬。 ⑤谢:道歉,告罪。 ⑥曾:乃,竟,实在。 ⑦窃:私下里,表谦卑之意。 ⑧郄:同"隙",不适。 ⑨恃:依赖。 ⑩日:每天。 ⑪得无衰乎:有没有减少吗? ⑫粢:同"粥"。 ⑬今者:近来。 ⑭耆:同"嗜",喜爱。 ⑮和:舒适。 ⑯解:同"懈",放松,缓和。

【今译】

　　左师触龙请求拜见太后,威后十分生气地等着他。触龙入宫后慢慢地往前小步走,到太后跟前道歉说:"老臣因脚有病,实在是不能快步走,不见太后已经很久了,私下里原谅自己,但担心太后贵体有所不适,所以希望拜见太后。"威后说:"老妇出行都依赖辇车。"触龙问:"太后每天吃喝有没有减少呢?"威后说:"靠喝粥罢了。"触龙说:"老臣近来也特别不想进食,自己就勉强走几步,每天走三四里路,才稍加喜欢吃东西,身体稍稍舒适些。"威后说:"我不能啊。"她的脸色这才稍稍缓和了。

【原文】

左师公曰:"老臣贱息①舒祺,最少,不肖②。而臣衰,窃爱怜③之。愿令得补黑衣之数④以卫王官⑤,没⑥死以闻。"太后:"敬诺。年几何矣?"对曰:"十五岁矣。虽少,愿及⑦未填沟壑⑧而托之。"太后曰:"丈夫亦爱怜其少子乎?"对曰:"甚于妇人。"太后笑曰:"妇人异⑨甚。"对曰:"老臣窃以为媪⑩之爱燕后⑪贤⑫于长安君。"曰:"君过⑬矣,不若长安君之甚。"

注解

①贱息:贱:称与自己有关事物的谦辞;息:儿子。 ②不肖:不贤,无能,没出息。 ③怜:爱。 ④补黑衣之数:补……数:凑数、补缺。黑衣:宫廷卫士,宫廷卫士穿的衣服皆为黑色,故以"黑衣"指代"宫廷卫士"。 ⑤官:当为"宫"。 ⑥没:当作"昧",音相近。昧:冒。 ⑦及:趁。 ⑧填沟壑:死,是自谦的说法。 ⑨异:特别,尤其。 ⑩媪:对老妇人的敬称。 ⑪燕后:赵威后的女儿,为燕王之后。 ⑫贤:胜。 ⑬过:错。

【今译】

触龙说:"老臣的儿子舒祺,最年少的那个,很不才。但我老了,心里很喜欢他。希望让他能到黑衣卫队的行列中凑个数来守卫王宫,所以老臣冒死来请求您。"威后说:"可以。你的小儿子多大了?"

触龙答道:"十五岁了。虽然年少,但我希望趁着自己尚未入土之时,把他托付给您。"威后说:"大丈夫难道也爱自己的小儿子吗?"触龙说:"男人爱小儿子比妇人还要厉害。"威后笑着说:"妇人爱得尤其厉害。"触龙回答说:"老臣私底下认为您爱燕后比爱长安君要深。"太后说:"您错了,我爱燕后不如爱长安君那么深。"

【原文】

左师公曰:"父母之爱子,则为之计深远。媪之送燕后也,持其踵①而为之泣,念悲其远也,亦哀之矣。已行,非弗思也,祭祀必祝②之,祝曰:'必勿使反③。'岂非计久长,有④子孙相继为王也哉?"太后曰:"然。"

注 解

①踵:脚跟。古代礼仪,新妇出嫁上车前,由她的母亲为自己穿自己鞋,这里所说是赵太后为燕后穿鞋时情景。   ②祝:祷告,祈祷。   ③反:通"返",返回,此指被弃而归赵。   ④有:同"佑",保佑。

【今译】

触龙说："父母爱儿子，就应该为他们作长远的考虑。您当初送燕后出嫁的时候，握着她的脚跟为她哭泣，想到她将要远远地离开你感到悲伤，也是可怜她啊。已经走了，并不是不想念她，在祭祀的时候必定为她祈祷，说：'神灵保佑一定不要让燕后被弃归赵。'这难道不是为她作长远的打算，保佑燕后的子孙相继成为赵王吗？"威后说："对啊。"

【原文】

左师公曰："今三世①以前，至于赵之为赵，赵主之子孙侯②者，其继有在者乎？"曰："无有。"曰："微③独赵，诸侯有在者乎④？"曰："老妇不闻也。""此其近者祸及身，远者及其子孙。岂人主之子孙则必不善哉？位尊而无功，奉厚而无劳，而挟⑤重器⑥多也。今媪尊⑦长安君之位，而封之以膏腴⑧之地，多予之重器，而不及今令有功于国。一旦山陵崩⑨，长安君何以自托于赵？老臣以媪为长安君计短也，故以为其爱不若燕后。"太后曰："诺。恣⑩君之所使⑪之。"于是为长安君约车⑫百乘质于齐，齐兵乃出。

注解

①世：代。　②侯：封侯。　③微：不。　④诸侯有在者乎：此句为省略句，应为"诸侯之子孙，其继承有在者乎？"译为："诸侯的子孙后代，继承诸侯之位的现在还有吗？"　⑤挟：持，拥有。　⑥重器：金玉珍宝等贵重器物。　⑦尊：用作动词，使显贵，抬高。　⑧膏腴(yú)：肥沃。　⑨山陵崩：天子、诸侯、太后之死。　⑩恣：任凭。　⑪使：安排。　⑫约车：准备马车。

【今译】

触龙说："从现在往前数三代，一直到赵国建国的世代，赵国每一代国君的子孙被封侯的，他的后代继承爵位的现在还有吗？"威后说："没有了。"触龙说道："不仅仅是赵国，诸侯的子孙后代，继承诸侯之位的现在还有吗？"威后说："老妇没听说过啊。""这就是说往近处看，祸患落到自己身上，往远处看祸及子孙。难道身为人主的子孙就必然没有好下场吗？是因为他们处于尊贵的地位却没有建树，享用着丰厚的俸禄却没有功劳，并且占用着那么多珍贵器物啊。如今您想要抬高长安君的地位，将肥沃的土地赐给他，还要给他许多金玉珍宝，这些都比不上现在让他为国家建立功勋。不然，一旦您驾崩了，长安君将凭借什么在赵国托身呢？老臣认为您为长安君的考虑太短浅了，因此认为您爱她不如爱燕后。"太后曰："好。那就听凭您把他安排到哪里去。"于是，为长安君准备百乘马车，让他到齐国做人质，齐国才出兵。

【原文】

子义①闻之曰："人主之子也，骨肉②之亲也，犹不能恃无功之尊，无劳之奉，而守金玉之重也，而况人臣乎？"

——选自《战国策·赵策四》

注解

①子义：人名，赵之贤士。　　②骨肉：比喻父母、兄弟、子女等的至亲关系。

【今译】

子义听到这事以后说："君主的儿子，亲生骨肉，还不能靠着没有建立功勋的高位，没有付出辛劳的俸禄，并占有贵重的金玉珍宝，更何况一般的大臣呢？"

【释义】

本章亮点有二，其一，就内容而言：人为子女考虑时"当计长远"。

　　赵临国难，向齐求援，齐提出了让长安君作人质的条件，赵威后偏爱自己的小儿子长安君，宁可不接受齐国的援助，也不让小儿子离开她。母亲爱子，乃人之天性，于情可以理解，然而，当如何去爱？此篇中，赵威后对长安君的爱，无疑是感性的、短浅的、盲目的，试想如果赵为秦所亡，国之不存，长安君之爵位、俸禄何在？即使赵在与秦的战争中，侥幸获胜，长安君临国难时，并未有功于国，即使占据膏腴之地、金玉重器，也不会长久。而触龙计划深远，他指出，理性、深沉的爱，应当是使长安君借为人质保国家一事，建立功勋，树立威信。赵太后尽管固执，但为心爱的儿子做深远打算，不得不接纳触龙的建言。

　　其二，在规劝别人之时，当讲究艺术，迂回包抄，徐徐而进，不当触其锋芒，这是就讲话艺术而言。触龙巧于辞令，其劝谏极具艺术，由家常之语切入，先拉近距离，打开僵局，继而由远及近切入主题，以燕后为衬托，将长安君的利益与赵国的利益结合在一起，晓之以情，动之以理，最终使太后幡然醒悟，改变主意。战国时期，世卿世禄制度正逐步废除，上层统治阶级中的成员亦不能单纯地靠血缘关系来保持爵禄。触龙能指出"位尊而无功，奉厚而无劳，而挟重器"的危害，在当时无疑是极富见地的。

魏王欲攻邯郸

【原文】

魏王①欲攻邯郸，季梁②闻之，中道③而反④，衣焦⑤不申⑥，头尘不去，往见王曰："今者臣来，见人于大行⑦，方北面而持其驾⑧，告臣曰：'我欲之楚。'臣曰：'君之楚，将⑨奚⑩为北面⑪？'曰："吾马良。'臣曰：'马虽良，此非楚之路也。'曰：'吾用⑫多。'臣曰：'用虽多，此非楚之路也。'曰：'吾御者⑬善。'此是者愈⑭善，而离楚愈远耳。今王动欲成霸⑮王⑯，举⑰欲信⑱于天下。恃⑲王国之大，兵⑳之精锐，而攻邯郸，以广㉑地尊㉒名，王之动愈数㉓，而离王愈远耳。犹至楚而北行也。"

——选自《战国策·魏策四》

注 解

①魏王：魏惠王。　②季梁：魏国大臣。　③中道：中途。
④反：通"返"，返回。　⑤焦：皱缩。　⑥申：通"伸"，平展。
⑦大行：大道，大路。　⑧持其驾：手持缰绳，驾着马车。
⑨将：而，却。　⑩奚：何。　⑪北面："面北"的倒装，面向北方。　⑫用：资用，指路费、盘缠。　⑬御者：车夫。

⑭愈：越。　　⑮霸：霸业。　　⑯王(wàng)：称王。　　⑰举：一举一动。　　⑱信：取得信任。　　⑲恃：依靠，依仗。　　⑳兵：兵器或部队。　　㉑广：使……广大，扩张。　　㉒尊：使……尊贵，抬高。　　㉓数：多次、屡次，频率高。

【今译】

魏王准备攻打邯郸，季梁听到这件事，走在半路上就返回来了，衣服皱缩了都来不及舒展，也顾不得洗去头上的尘土，就忙着去谒见魏王，说："今天我回来的时候，在大路上遇见一个人，正在向北面赶他的车，他告诉我说：'我想到楚国去。'我说：'您既然要去楚国，为什么往北走呢？'他说：'我的马好。'我说：'马虽然好，但是这不是去楚国的路啊！'他说：'我的盘缠多。'我说：'路费虽然多，但这不是去楚国的方向啊。'他又说：'我的车夫善于赶车。'我最后说：'这些越是好，反而会使您离楚国越远啊！'如今大王的每一个行动都想建霸业、称霸主，一举一动都想在天下取得威信；然而依仗魏国的强大，军队的精良，而去攻打邯郸，借此扩张土地抬高名声，大王这样的行动越频繁，那么距离大王的事业就越来越远。这不是和那位想到楚国去却向北走的人一样的吗？"

【释义】

　　季梁劝阻魏王攻赵，运用了一则寓言故事，说明做任何事情首先得搞清方向是否正确，不然作一切的努力都是枉然，只能适得其反，"南辕北辙"的譬喻非常生动贴切，尽管季梁其人其事已不可考，但这则寓言却一直沿用至今。故事虽旧，其理常新。大到治国小到治学，目标正确最要紧。凡事目标正确，路线对头，则快马加鞭可以到达目的地。如果第一步目标究竟何在还未搞清，则力气花得愈大，离目的地愈远。新时期未来到之前的三十年，此种教训不在少数。而学生读书也是这样，目标未清楚，方法不对头，则愈用力反愈不好。这样的例子不胜枚举。

信陵君杀晋鄙

【原文】

　　信陵君①杀晋鄙②，救邯郸③，破秦人，存④赵国，赵王⑤自郊迎⑥。唐且谓信陵君曰："臣闻之曰，事有不可知者，有不可不知者；有不可忘者，有不可不忘者。"信陵君曰："何谓也？"对曰："人之憎我也，不可不知也；吾憎人也，不可得而知⑦也。人之有德于我也，不可忘也；吾有德于人也，不可不忘也。今君杀晋鄙，救邯郸，破秦人，存赵国，此大德也。今赵王自郊迎，卒⑧然见赵王，臣愿君之忘之也。"信陵君曰："无忌谨受教。"

——选自《战国策·魏策四》

①信陵君：魏公子无忌，魏昭王少子，魏安禧王异母弟，安禧王即位，被封为信陵君。著名战国"四公子"之一。安禧王二十年，秦昭王破赵长平军，进兵围赵都邯郸。信陵君姐为赵惠文王弟平原君夫人，数次求救于魏。魏安禧王持观望状，信陵君盗取虎符，矫诏杀魏将晋鄙，领兵救邯郸，存赵国。历史上有名的"窃符救赵"，就指此。　　②晋鄙：魏国将领。　　③邯郸：赵国都城。④存：保全。　　⑤赵王：赵孝成王。　　⑥郊迎：出郊迎宾，以示隆重、尊敬。　　⑦知：使知道，后面省略宾语"之"。⑧卒：同"猝"，突然。

【今译】

　　信陵君杀死晋鄙，救下邯郸，击溃秦兵，保住赵国，赵孝成王准备亲自到郊外迎接他。唐且对信陵君说："我听人说：'事情有不可以让人知道的，有不可以不知道的；有不可以忘记的，有不可以不忘记的。'"信陵君说："你这说的是什么意思呢？"唐且回答说："别人憎恶我，不可不知道；我憎恶人家，又不可以让人知道。

别人对我有恩德，不可以忘记；我对人家有恩德，不可以不忘记。如今您杀了晋鄙，救了邯郸，打退了秦兵，保住了赵国，这对赵王是很大的恩德啊，现在赵王亲自到郊外迎接您，我们仓促拜见赵王，我希望您能忘记救赵的事情。"信陵君说："我谨遵您的教诲。"

【释义】

信陵君用侯嬴计，使朱亥杀晋鄙窃虎符，救赵国，史称其行，对赵国可谓功德无量。其实，此举也在于自保。然而，人在取得重大成就后往往会居功自傲，《史记·魏公子列传》中说他："意骄矜而有自功之色。"这时，唐且提醒信陵君："人之有德于我也，不可忘也；吾有德于人也，不可不忘也。"让他谦虚谨慎，淡忘功劳，确实是高明的处世哲学。战国时的"四公子"，其中最杰出的当数魏无忌。春申君事迹不彰且不善终，孟尝君被王安石讥为"鸡鸣狗盗之出其门"，平原君其功不过解邯郸之围。司马迁对信陵君评价为："接岩穴隐者，不耻下交"，所以一般都以信陵君为四公子中翘楚。然而，养士也罢用士也罢，讲"义气"也罢，重"然诺"也罢，其思想行为不脱"士为知己者死"而已。历代推崇的所谓种种"义举"，在今日看来，与国家法律民族大义不免有悖。这一点不可不知。

外交纵横之辞

　　春秋战国之际，策士倡合纵连横之术，国君思弱肉强食之计，军事实力是根本虽说弱国无外交，但是兔子逼急了要咬人，狮子吃人也得找个借口，于是外交舞台上上演了一出出时而唇枪舌剑、剑拔弩张，时而绵里藏针、针锋相对的活剧。《战国策》所描写、记叙的外交战线上的争斗之内容，构成了一幅幅生动的画面，常常是三寸不烂之舌胜过百万雄师，折冲樽俎之际，挫败敌方阴谋诡计。这一单元收入的大体是策士们在外交场合借纵横之术瓦解本国危机的言辞。阅读这一部分，读者当注意以下几点：其一，需要开阔的视野，将外交场合的斗争置于一个大背景下看；其二，可将这些故事当作当代史来读，克罗齐说："一切历史都是当代史。"以史为镜，可观当下。明乎此，读古书会更有趣，想现实会更努力。

秦兴师临周而求九鼎

【原文】

秦兴师①临②周而求九鼎③，周君④患⑤之，以告颜率⑥。颜率曰："大王勿忧，臣请东借救于齐。"颜率至齐，谓齐王⑦曰："夫⑧秦之为无道也，欲兴兵临周而求九鼎，周之君臣，内自画计，与⑨秦，不若归⑩之大国⑪。夫存⑫危国，美名也；得九鼎，厚⑬宝也。愿大王图⑭之。"齐王大悦，发⑮师五万人，使陈臣思⑯将以救周，而秦兵罢⑰。

注解

①兴师：出兵，派兵。　②临：到，至，此指攻打。　③九鼎：

一组九个大鼎，相传禹铸九鼎，夏、商、周传为国宝。周武王灭商，得九鼎，周成王将九鼎自商迁至镐京，并举行了隆重的定鼎仪式，自此，九鼎成了周王朝权力的象征。春秋时，楚庄王曾派使者"问鼎"，战国时，秦、楚都曾兴师求鼎。这说明当时的周天子已不在诸侯眼中，周王朝的政权已名存实亡。 ④周君：指周显王。⑤患：忧虑，担心。 ⑥颜率(lǜ)：西周之臣。 ⑦齐王：指齐宣王。 ⑧夫：发语词。 ⑨与：给。 ⑩归：同"馈"，赠送。 ⑪大国：强大的国家，此指齐国。 ⑫存：保全，为使动词，使……保全。 ⑬厚：重。 ⑭图：考虑。 ⑮发：发动。 ⑯陈臣思：即田臣思，齐国公侯。 ⑰罢：停止。

【今译】

秦国派兵逼近东周索要象征着权力的九鼎，周天子为此万分担忧，把此事告诉了颜率。颜率说："大王不要忧虑，请让臣向东至齐国借救兵。"颜率来到齐国，对齐王说："秦国为无道之国，想要发兵到周夺取九鼎，周朝君臣上下在朝廷上想了各种办法，与其把九鼎给秦国，不如将之馈赠给强大的齐国。要知道保全危难之邦是会获取美名的；而得到九鼎又是得到贵重的宝物。希望大王考虑我的建议。"齐王非常高兴，发动军队五万人，派遣陈臣思帅兵来救东周，这样秦国才停止出兵。

【原文】

　　齐将①求九鼎，周君又患之。颜率曰："大王勿忧，臣请东解②之。"颜率至齐，谓齐王曰："周赖③大国之义，得君臣父子相保④也，愿献九鼎，不识⑤大国何涂⑥之从而致⑦齐？"齐王曰："寡人⑧将寄径⑨于梁⑩。"颜率曰："不可。夫梁之君臣欲得九鼎，谋之晖台⑪之下，少海⑫之上，其日久矣。鼎入梁，必不出。"齐王曰："寡人将寄径于楚。"对曰："不可。楚之君臣欲得九鼎，谋之于叶庭⑬之中，其日久矣。若入楚，鼎必不出。"王曰："寡人终何涂之从而致之齐？"颜率曰："弊邑⑭固窃⑮为大王患之。夫鼎者，非效⑯醢⑰壶酱甀⑱耳，可怀挟提挈⑲以至齐者；非效鸟集、乌飞、兔兴⑳、马逝㉑，漓然㉒止于齐者。昔周之伐㉓殷，得九鼎，凡㉔一鼎而九万人挽㉕之，九九八十一万人，士卒㉖师徒㉗，器械被㉘具，所以㉙备者称㉚此。今大王纵有其人，何涂之从而出？㉛臣窃为大王私忧之。"齐王曰："子之数㉜来者，犹㉝无与㉞耳。"颜率曰："不敢欺大国，疾㉟定所从出，弊邑迁鼎以待命。"齐王乃止。

——选自《战国策·东周策》

注解

①将：又。　②解：解决，处理。　③赖：仰赖，仰仗。
④保：保全，平安。　⑤识：知道。　⑥涂：同"途"，路途。
⑦致：送达。　⑧寡人：寡德之人，古代诸侯王的自谦。

⑨寄径：借道。　⑩梁：公元前364年（魏惠王六年）魏徙都大梁（今河南省开封市），故魏又称梁。　⑪晖台：魏国台名。　⑫少海：又作"沙海"，在今河南省开封市。　⑬叶庭：一作"章华之庭"，华容（今湖北省监利县）有章华庭。　⑭弊邑：称"本国"的谦辞，"弊"与"敝"相通。　⑮窃：私下里。　⑯效：像。　⑰醯（xī）：醋。　⑱甀（chuí）：小口罐。　⑲挈（qiè）：提。　⑳兴：跳动，此指奔跑。　㉑逝：飞奔，意与"兴"相类。　㉒漓然：畅流无阻的样子。　㉓伐：攻打。　㉔凡：大约。　㉕挽：拉动，牵引。　㉖士卒：士兵。　㉗师徒：此指"厮徒"，服杂役之人。　㉘被具：士兵的用具。　㉙所以：用来……的。　㉚称：相当。　㉛何涂句：此句语序当为：从何涂出？译为：从哪条路出来呢？　㉜数：屡次。　㉝犹：还是。　㉞与：给。　㉟疾：赶快。

【今译】

　　齐国也向周索要九鼎，周天子又为此发愁。颜率说："大王不要忧愁，请允许我向东（至齐）处理此事。"颜率来到齐国，对齐宣王说："东周仰仗贵国的义举，得以保全我们君臣父子，因而愿意献出九鼎，不知贵国从哪条路线让它抵达齐国呢？"齐宣王说："我将要从魏国借道。"颜率说："不行啊。魏国的君臣也想得到九鼎，他们在晖台之下、沙海之上谋划这件事已经很久了。九鼎一旦进入大梁，肯定出不来了。"宣王又说："我可以向楚国借道。"颜率回答说："不行啊。楚国君臣上下也觊觎着九鼎，他们在叶庭谋划此事已经很久了。如果把鼎运入楚国，鼎一定也来不了。"宣王问道："那我究竟能从哪条路把鼎运到齐国呢？"颜率说道："敝国也私下为大王您担忧此事。鼎这种东西，不像醋瓶酱坛可以随身夹带着、提携着到齐国；也不像雀鸟聚集、乌鸦飞翔、兔子跳跃、奔马飞驰，畅通无阻地抵达齐国。当年西周讨伐殷商时，得到九鼎，每一鼎要用九万人去拉，九九共八十一万人，士兵役夫的器械用具，用来备用的也相当于这个数目了。如今大王纵然有这些人，又能从哪条路把鼎运出呢？（所以）我私下里为你发愁啊。"宣王说："你屡次来这儿，还是不想把鼎给我们啊！"颜率说："我们不敢欺骗贵国，您只要赶紧决定从哪条路运出九鼎，敝国就迁移九鼎来听候命令。齐宣王这才打消了索取九鼎的念头。

【释义】

鼎是权力的象征，改朝换代称"薪革"，重要人物的话称"一言九鼎"。相传，"九鼎"是夏禹收九州贡金所铸，上有日月山川神灵之像，历经夏、商、周三代，被视作作权力的象征。周武王伐纣灭商后，得商王朝国宝九鼎。武王之子成王把九鼎自商都迁至镐京，举行了隆重的定鼎仪式，自此九鼎成了周王朝政权的象征，后又迁至洛阳。春秋时，楚庄王曾觊觎天子之权派使者问鼎。战国时，秦、楚都曾兴师临周求九鼎。这充分说明在春秋战国，周天子的权威已经丧失殆尽。本章是《战国策》的首篇，意义非同寻常，它让我们直接感受到了战国时期特有的文化氛围与时代风尚：礼坏乐崩、王权式微。

本章开头，秦军兵临城下，公然求鼎，挑战王权，周王朝陷入了空前的危机。这时，颜率出场，自信请缨。他的自信源于对错综复杂的战国形势、对诸侯贪婪心态的把握。纵观战国的国际局势，地处东方的强齐与地处西方的强秦不分伯仲，能够牵制秦的只有齐。因此，颜率首先利用齐国强大的国力、齐王觊觎九鼎的贪念，许诺齐王奉送九鼎，说服齐国出兵援助。当齐国来求鼎，颜率又指出了运鼎的重重困难，使齐王哭笑不得，只好作罢。颜率凭借着对时局的准确把握，暂时化解了周王室的危机，保全了周天子的尊严。

苏厉谓周君

【原文】

苏厉①谓周君曰："败韩、魏，杀犀武②，攻赵，取蔺③、离石④、祁⑤者，皆白起⑥。是攻⑦用兵，又有天命⑧也。今攻梁⑨，梁必破，破则周危，君不若止之。"

注解

①苏厉：苏秦之弟，游说之士。　②犀武：魏将。　③蔺(lìn)：今山西省离石县西。　④离石：今山西省离石县。　⑤祁：今山西省祁县。　⑥白起：秦将，善用兵，秦昭王时，封为武安君，战胜攻取共七十余城。后与秦相范雎不和，称病不起，削职为民，流放到阴密，赐死于杜邮。　⑦攻：同"工"，善。　⑧天命：旧时迷信以为上天赐给人们吉凶祸福是谓天命。　⑨梁：魏都大梁，今河南省开封市。

【今译】

苏厉对周君说："击败韩、魏联军，杀掉魏将犀武，攻取越国蔺、离石、祁等地的都是秦将白起。这是他善于用兵，又得上天相助的缘故。现在，他要进攻魏都大梁，大梁必被攻克，一旦攻克大梁，西周就岌岌可危了。君王您不如制止他进攻魏都。

【原文】

谓白起曰："楚有养由基①者，善射，去②柳叶者百步而射之，百发百中。左右皆曰'善'。有一人过曰：'善射，可教射也矣？'

养由基曰：'人皆善。子乃曰可教射，子何不代我射之也？'客曰：'我不能教子支左屈右③。夫射柳叶者，百发百中，而不已④善息，少焉⑤气力倦，弓拨矢钩⑥，一发不中，前功尽矣。'今公破韩、魏，杀犀武，而北攻赵，取蔺、离石、祁者，公也。公之功甚多。今公又以秦兵出塞⑦，过两周，践⑧韩而以攻梁，一攻而不得⑨，前功尽灭。公不若称⑩病不出⑪也。"

——选自《战国策·西周策》

注解

①养由基：姓养，名由基，楚国擅长射术的人。一说为楚共王时大将，又说楚庄王命养由基射蜻蛉。 ②去：距离。 ③支左屈右：善射之法，指的是：左手拉弓，用力向前伸出，向支住泰山一样；右手拉弦，向后用力弯曲，象抱婴儿一样。 ④已：同"以"，因，趁着。 ⑤少焉：过一会儿，不一会儿。 ⑥弓拨矢钩：弓身不正，箭杆弯曲。 ⑦塞：关口，隘口；此指河南省洛阳市西南伊阙口。 ⑧践：讨伐，征伐。 ⑨得：得胜。 ⑩称：告。 ⑪出：行。

【今译】

苏厉又对白起说："楚国的养由基是射箭的能手，距离柳叶百步射箭，百发百中。旁边看的人都说他的射箭技术很好。有一人从旁走过，却说：'射得很好，可以教你射箭了吗？'养由基说：'人家都说好，您却说可以教我射箭吗？您为何不代我射呢？'那人说：'我并不能教您左手拉弓，用力向前伸出，右手拉弦，用力向后弯曲那种射箭的方法。但是，您射柳叶能百发百中，却不趁着射得好的时候休息休息，过一会，当气力衰竭，感到疲倦，弓身不正，箭杆弯曲时，您若一箭射出而不中，岂不前功尽弃了么！'如今，击败韩、魏，杀了犀武，向北进攻赵国，夺取蔺、离石和祁的，都是您呀！您的功劳已很多。现在又率领秦兵出关，途径东周、西周，讨伐韩国，攻打魏都大梁，如果进攻不得胜，岂不前功尽弃了么！您不如告病，不去攻打魏都大梁。"

【释义】

本篇所说的西周非周武王所建之西周，乃战国时的西周。从东周国都洛阳看河南之地，在洛阳之西，故称西周。这时的西周只是一个小小的列国，与从前的西周是不能相提并论的。起初，它隶属于东周。周显王二年，东、西两周各自为列国。后来它们均为秦所灭。在军事上，西周毫无作为，只是借策士调解各国的事务，在夹缝中求生存，因此，西周的策士倒有不少。

当时，秦国国力日益强大，如果将魏兼并，那么西周政权也就岌岌可危了。这时，苏厉为周国君分析其中的利害关系：秦将白起工于作战，战无不胜，攻无不克，如果能让他自动放弃率军攻魏，那么就可延缓秦国进攻的脚步。而在游说白起时，苏厉也抓住了白起的弱点，攻城拔寨无非是为了私利，但是如何保住自己披坚执锐、浴血奋战而得的私利呢？最应当注意的一点就是——学会见好就收。原因很简单，其一，立功虽是好事，但物极必反，功劳一多，因功高盖主而被流放、甚至诛戮者不在少数；其二，百战百胜虽是好事，可智者千虑，偶有一失，但就是这一失，往往会使之前立下的赫赫战功毁于一旦。而苏厉就是借楚国善射者养由基的故事形象地说明这一道理，巧妙地说服白起称病不出兵的。

本章亮点在说客须抓住说服对象的心理，由其"软肋"攻入。

齐 助 楚 攻 秦

【原文】

齐助楚攻秦，取曲沃[①]。其后，秦欲伐齐，齐、楚之交善，惠王患之，谓张仪[②]曰："吾欲伐齐，齐、楚方欢[③]，子为寡人虑[④]之，奈何[⑤]？"张仪曰："王其[⑥]为臣约车[⑦]并[⑧]币，臣请试之。"

注解

①曲沃：今河南省陕县。　　②张仪：魏国人，相传与苏秦同师鬼谷子，相秦惠王，以连横政策游说六国，使苏秦的合纵政策瓦解。惠王死后，六国复合纵，张仪相魏，卒于魏。　　③欢：交好。④虑：谋划。　　⑤奈何：怎么办。　　⑥其：表意愿的虚词。⑦约车：备车。　　⑧并：和，与。

【今译】

　　齐国帮助楚国进攻秦国，攻下了曲沃（秦地）。这以后，秦国想要进攻齐国。可是由于齐、楚两国交好，秦惠王为此甚感忧虑，于是就对张仪说："寡人想要发兵攻打齐，无奈齐、楚两国关系正密切，请您为我考虑一下，该怎么办才好？"张仪说："请大王为臣准备车马和金钱，让臣去游说楚王试试！"

【原文】

　　张仪南见楚王①，曰："弊邑②之王所甚说③者无大④大王，唯仪之所甚愿为臣者亦无大大王；弊邑之王所甚憎者亦无先⑤齐王，唯仪之甚憎者亦无大齐王。今齐王之罪⑥，其于弊邑之王甚厚⑦。弊邑欲伐之，而大国与之欢，是以弊邑之王不得事令⑧，而仪不得为臣也。大王苟⑨能闭关⑩绝⑪齐，臣请使秦王献商⑫、於⑬之地，方⑭六百里。若此，齐必弱，齐弱则必为王役⑮矣。则是北弱⑯齐，西德⑰于秦，而私⑱商、於之地以为利也，则此一计而三利⑲俱⑳至。"

注解

①楚王：楚怀王。　　②弊邑：对本国的谦称。弊：同"敝"。
③说：同"悦"，喜欢。　　④大：超过。　　⑤先：当作"大"。
⑥罪：罪过。　　⑦厚：重，大。　　⑧事令：服命，听从（大王的）命令。　　⑨苟：如果。　　⑩关：齐、楚两国交界之关口。　　⑪绝：与……断绝交往。　　⑫商：今陕西省商县东。
⑬於：今河南省乡县一带。　　⑭方：方圆。　　⑮役：使唤，役使。　　⑯弱：削弱。　　⑰德：有恩德。　　⑱私：占为己有。
⑲三利：指"弱齐"、"德于秦"、"私商、於之地"。　　⑳俱：一起。

【今译】

　　于是张仪去南方求见楚怀王，说："敝国国王最敬慕的人莫过于大王您了，我也莫过于希望给大王您做臣子；敝国所最痛恨的君主莫过于齐王，而臣张仪最不愿侍奉的君主也莫过于齐王。现在齐国的罪恶，对秦王来说是最深重的，因此秦国才准备发兵征讨齐国。无奈贵国跟齐国互相结交、关系密切，以致使秦王无法听从大王的命令，同时也不能使臣张仪做大王的忠臣。如果大王能关起国门跟齐断绝邦交，请允许我劝秦王献上方圆六百里的商、於土地。如此一来，齐必定走向衰弱；齐国一旦衰弱了，就必然听从大王号令。由此看来，大王如果能这样做，楚国不但在北面削弱了齐国的势力，而又可在西南对秦国施有恩惠，同时还将将商、於土地占为己有成为自己的利益，就这么施一计而三种好处就一同到来。"

【原文】

楚王大说①，宣言之于朝廷，曰："不穀②得商、於之田，方六百里。"群臣闻见者毕③贺。陈轸后见，独不贺。楚王曰："不穀不烦一兵，不伤一人，而得商、於之地，六百里，寡人自以为智矣。诸士大夫皆贺，子独不贺，何也？"陈轸对曰："臣见商、於之地不可得，而患④必至也，故不敢妄贺⑤。"王曰："何也？"对曰："夫秦所以重⑥王者，以王有齐⑦也。今地未可得，而齐先绝，是楚孤⑧也，秦又何重孤国？且⑨先出地绝齐，秦计必弗⑩为也；先绝齐后责⑪地，且必受欺于张仪。受欺于张仪，王必惋⑫之。是西生秦患，北绝齐交，则两国兵必至矣。"楚王不听，曰："吾事善矣，子其⑬弭口⑭无言，以待吾事。"楚王使人绝齐。使者未来⑮，又重⑯绝之。

注解

①说：同"悦"，高兴。　②不榖：不善，古代诸侯、君王对自己的谦称。　③毕：皆，都。　④患：祸患。　⑤妄贺：空贺，白贺。妄：空。　⑥重：重视，尊重。　⑦有齐：即"友齐"，与齐国关系友好。　⑧孤：孤立。　⑨且：况且。　⑩弗：不。　⑪责：求，索。　⑫憾：憾恨。　⑬其：表命令语气。　⑭弭(mǐ)口：闭口。　⑮来：还，返。　⑯重：再。

【今译】

楚怀王一听，非常高兴，就在朝廷上宣布，说："寡人已经从秦国得到商、於方圆六百里的土地！"群臣听了怀王的宣言，全都向怀王道贺，唯独客卿陈轸最后晋见，而且不向怀王道贺。这时怀王就很诧异地问："寡人不发一兵一卒，而且没有伤亡一名将士，就得到商、於六百里的土地，寡人认为这是非常智慧的举动，朝中文武百官都向寡人道贺，唯独只有您一人不道贺，这是为什么呢？"陈轸回答说："因为我认为，大王不但得不到商、於六百里土地，反而必定会招来祸患，所以我才不敢向大王道空贺。"怀王问："这是什么原因呢？"陈轸回答说："秦王尊重大王的原因，是因为我们与齐国关系密切、友好。如今秦国还没把地割给大王，大王就先跟齐国断绝邦交，这样就会使楚国陷于孤立状态，秦国又怎会重视一个孤立无援的国家呢？何况如果先让秦国割让土地，楚国再来跟齐断绝邦交，秦国必不肯这样做；要是楚国先跟齐国断交，然后再向秦要求割让土地，那么必然遭到张仪欺骗而得不到土地。受了张仪的欺骗，大王必然会充满憾恨；结果是西面惹出秦国的祸患，北面切断了齐国的邦交，那么秦、齐两国的军队都将进攻楚国。"楚王不听陈轸的谏言，说："寡人的事已经办妥当了，你就闭上嘴吧，不要再多说了，你就等待寡人的好消息吧！"怀王就派使者前往齐国宣布跟齐断绝邦交，还没等使者回来，楚王竟急着第二次派人去与齐国绝交。

【原文】

张仪反①，秦使人使②齐。齐、秦之交阴合③。楚因④使一将军受地于秦。张仪至，称病不朝⑤。楚王曰："张子以⑥寡人不绝齐乎？"乃使勇士往詈⑦齐王。张仪知楚绝齐也，乃出见使者，曰："从某至某广⑧从⑨六里。"使者曰："臣闻六百里，不闻六里。"仪曰："仪固⑩以⑪小人⑫，安⑬得六百里？"

注解

①反：返回。　②使：出使。　③阴合：暗中联合。阴：秘密，暗中。　④因：于是，就。　⑤不朝：不上朝。　⑥以：认为。

⑦詈(lì)：骂。　　⑧广：东西量为广。　　⑨从：南北量为从。
⑩固：本来，原本。　　⑪以：为。　　⑫小人：小人物。　　⑬安：哪里。

【今译】

张仪回到秦国之后，秦王就派使者出使齐国，秦、齐两国秘密地缔结盟约。于是，楚国就派一名将军去秦国接收土地。张仪（为了躲避楚国的使臣）装病不上朝，楚怀王说："张仪认为寡人还没有跟齐国断交吗？"于是楚怀王就派了一名勇士前往齐国骂齐王，张仪证实楚国的确与秦国断交，才出来会见楚国使臣，说："从这里到那里，方圆总共六里地。"楚国使者说："我只听说是六百里，却没有听说是六里。"张仪说："我张仪本来在秦国只是一个微不足道的人，怎么能说有六百里呢？"

【原文】

使者反报楚王，楚王大怒，欲兴师①伐秦。陈轸曰："臣可以言乎？"王曰："可矣。"轸曰："伐秦非计也。王不如因②而赂③之一名都④，与之伐齐。是我亡⑤于秦，而取偿⑥于齐也，楚国不尚⑦全⑧事⑨？王今已绝齐，而责⑩欺于秦，是吾合⑪齐、秦之交也，固⑫必大伤。"

注解

①兴师：发兵。 ②因：趁机。 ③赂：给。 ④名都：大邑。
⑤亡：失去，后省略"一名都"。 ⑥取偿：得到补偿。
⑦不尚：不还是。 ⑧全：完全，完整。 ⑨事：一说"乎"。
⑩责：责备。 ⑪合：促使联合。 ⑫固：一说"国"。

【今译】

　　楚国的使者回国后，把这件事报告楚怀王，怀王万分愤怒，准备发兵攻打秦国。这时陈轸说："我可以说句话吗？"怀王说："可以。"陈轸说："楚国发兵去攻打秦国不是一个好办法。大王不如趁此机会将楚国的一个大邑赠与秦国，并且跟秦国联合攻打齐，如此我们可以把在秦国手里损失的从齐国那儿得到补偿，楚国不还是没有损失吗？大王如今已经跟齐国断绝邦交了，现在又去责备秦国的失信，这样做等于在促使秦、齐两国的联合，如此，楚国必受大害！"

【原文】

楚王不听，遂①举兵伐秦。秦与齐合，韩氏②从③之，楚兵大败于杜陵④。

注解

①遂：于是。　②韩氏：韩国。　③从：跟随。　④杜陵：秦地，距今陕西省蓝田县近。

【今译】

楚怀王没有采纳陈轸的建议，于是发兵攻打秦国。秦国与齐国联合，韩国也加入了他们的联盟，楚军在杜陵被打得惨败。

【原文】

故楚之土壤、士民非削弱①，仅以救亡者，计失于陈轸，过听于张仪。计听②知覆逆③者，唯王可也。计④者，事之本⑤也；听⑥者，存亡之机⑦，计失而过听，能有国者寡⑧也。故曰：计有一二者难悖⑨也，听无失本末者难惑⑩。

——选自《战国策·秦策二》

【今译】

因此，楚国的土地并非不大，楚国的人民也并不软弱，却只能勉强免于灭亡，就是由于怀王没有采纳陈轸的计谋，而错误地听信张仪的诡诈游说。善于听取意见，决定计谋，预知未来事态变化的人，即使称王于天下也是可以做到的。遇事反复谋虑，这是处事的根本；善于听取他人的意见，这是存亡的关键，打错了主意或听错了意见，而能保全国家的人很少。所以说：决定计谋能反复琢磨，这样很难出错；听取意见不本末倒置，能按事物发展规律办事，这样的人很难被迷惑。

【释义】

齐、楚是当时的两个大国，结成联盟，对秦国的发展构成了实实在在的威胁。秦国想要攻打齐国，却担心他的盟友楚国，因此如何打破连横、瓦解他们的盟约成为了那时秦国的首要课题。张仪与楚怀王打过几次交道，于是便主动承担起瓦解齐、楚联盟的重任。他洞悉了楚王贪婪、愚蠢、固执等特点，以六百里沃野诱惑他，三言两语便把楚怀王哄得团团转。楚怀王那边的策士陈轸也非等闲之辈，他看穿了张仪的诡计，直言劝谏，但昏聩的楚怀王心中只有那六百里的土地，怎能听得进忠臣的谏言呢？

在得知楚国与齐国断交后，张仪立刻撕下了伪善的面具，赖掉答应之事。这无疑是对楚国巨大的侮辱，楚怀王怒不可遏是理所当然的。如果说前一次他是被利益蒙蔽了双眼，那么这次可以说他是被愤怒冲昏了头脑，发兵攻打齐国，丝毫不听陈轸的劝谏，结果不仅失去了与秦国分庭抗礼的局势，还使楚国由盛及衰甚至到达灭亡的边缘。

本章通过语言和行动刻画人物，相当精彩，张仪的巧舌如簧、玩弄权术，陈轸的远见卓识、独具慧眼，楚王的昏庸无能、利欲熏心，都入木三分。

也许有人会觉得故事中的张仪显得阴险、狡诈，把楚王骗得既失去了盟友又失去了土地，然而政治是残酷的，利益面前，道德常常得做出让步。我们在指责张仪狡诈的同时，也不得不怪罪楚怀王在政治上的幼稚和愚昧。本章末尾那段评论相当意味深长："计有一二者难悖也，听无失本末者难惑。"

此则亮点在给予我们以启示：外交场合没有永远的盟友，只有利益是最重要的。以此观照一部二战以来的当代史，洞若观火。所谓读史使人明智，即在此。

楚绝齐齐举兵伐楚

【原文】

楚绝①齐，齐举兵②伐③楚。陈轸④谓楚王曰："王不如以地东解⑤于齐，西讲⑥于秦。"

注解

①绝：断绝交往（楚怀王受张仪之骗，与齐断交，是上一章《齐助楚攻秦》的延续）。　②举兵：兴兵，发兵。　③伐：攻打。
④陈轸：游说之士，秦臣，夏人，张仪与之不和，常在秦王面前说陈轸的不是，因此，陈轸离开秦国到楚国。　⑤解：和解。
⑥讲：议和。

【今译】

楚国与齐国断绝交往以后，齐国就发兵攻打楚国。陈轸对楚怀王说："大王不如把土地送给东方的齐国求得和解，然后再跟西方的秦国议和建立邦交。"

【原文】

楚王使陈轸之①秦。秦王②谓轸曰："子③秦人也，寡人与子故④也。寡人不佞⑤，不能亲国事⑥也，故子弃⑦寡人事⑧楚王。今齐、楚相伐，或谓救之便⑨，或谓救之不便，子独不⑩可以忠为子主计，以其余为寡人乎⑪？"陈轸曰："王独⑫不闻吴人之游⑬楚者乎？楚王甚爱之，病，故使人问之曰：'诚⑭病乎？意⑮亦思⑯乎？'左右⑰曰：'臣不知其思与不思，诚思则将吴吟⑱。'今轸将为王'吴吟'⑲。王不闻管与⑳之说乎？有两虎诤㉑人而斗者，管庄子㉒将刺之，管与止之曰：'虎者戾虫㉓；人者甘饵㉔也。今两虎诤人而斗，小者必死，大者必伤，子待伤虎而刺之，则是一举而兼㉕两虎也。无刺一虎之劳，而有刺两虎之名㉖。'齐、楚今战，战必败㉗。败，王起㉘兵救之，有救齐之利，而无伐楚之害。"

——选自《战国策·秦策二》

注解

①之：到。　②秦王：秦惠文王。　③子：古时对人的尊称。④故：旧交，老相识。　⑤不佞(nìng)：无才能；古代自谦之词。⑥不能亲国事：不善于处理国家大事。亲：善，通晓。　⑦弃：离开。⑧事：侍奉，服侍。⑨便：利，有利。⑩独不：何不。　⑪"子独不"两句：您何不在为楚王效忠出计策之余而为我出点主意呢？⑫独：难道。⑬游：游宦，做官。⑭诚：真，果真。　⑮意：同"抑"，抑或，或者。　⑯思：

思念家乡。 ⑰左右：近臣。 ⑱吴吟：吴声。一个人在异乡，苦闷或生病时，往往不自觉地发出乡音。这里表现出思乡之情或思旧之情。 ⑲为王"吴吟"：意思是说，我会想到我们的旧关系的。 ⑳管与：即为"馆与"，当是旅店中的服务人员。㉑诤：同"争"。 ㉒管庄子：卞庄子，春秋时鲁国的勇士。㉓戾(lì)虫：贪暴的野兽。 ㉔甘饵：美味的食物。饵：糕饼或指一般的食物。 ㉕兼：同时得到。 ㉖名：名声，名誉。㉗败：伤。 ㉘起：发，派。

【今译】

楚怀王派陈轸出使秦国。秦惠王对陈轸说："您本来就是秦国人，寡人和您是旧交了。可惜由于寡人无才，又不善于处理国家大事，以致使您离开寡人去辅佐楚王。如今齐、楚两国互相攻伐，有的人认为救援有利，有的人认为不救援有利。您为何不在为楚国效忠出谋划策之余，也为我出一点主意呢？"陈轸说："大王难道没听说过吴国人到楚国去做官的故事吗？楚王很喜欢这位客卿，一次，这位客卿生病，楚王就派人去问候说：'是真生病吗？还是思念吴国呢？'左右侍臣回答说：'不知道他是否思乡，假如真是思乡的话，那他就要唱吴歌了。'现在我就准备为大王唱一首'吴歌'。不知大王有没有听说管与的故事？这个故事是说有两只老虎，因为争吃人肉而打斗起来，卞庄子准备去刺杀这两只虎，可是管与赶忙来制止说：'老虎是贪狠的猛兽，人肉是他的最香甜的食物，现在两只老虎为争吃人肉而打斗，小虎必然因斗败而死，大虎也必然因苦斗而伤，你就等着去刺杀那只受伤的大虎吧！这是一举而杀两虎的妙计，不用费杀死一只老虎的辛苦，实际上却能兼得刺杀两只老虎的英名。'如今齐、楚两国正在苦战，战则双方必有伤亡，那时大王再起兵救援，既能获得救齐的好处，而又没有伐楚的危险与害处。"

【释义】

　　齐、楚本为交善之国，然而楚怀王听从张仪的建议，与齐绝交，以致齐国兵临城下，楚既恐齐兵，又担心秦国乘虚而入。在此危机时刻，楚怀王只能接受陈轸的建议"以地东解于齐，西讲于秦"，先稳住强秦，让秦国不要介入这场战争。陈轸在见到秦王以后，先打交情牌，说了"吴人游楚"的典故，暗示秦王，秦为旧主，他心中仍然向秦。先联络一下感情是必要的，这样就为下文"两虎相争"的故事打下了很好的基础。如今齐、楚相战，恰如两虎相斗，救齐则楚怨，救楚则齐怨，他劝秦王采取"坐山观虎斗"的策略，静观其变，坐收渔翁之利，如此，对秦百利而无一害。陈轸的这番说辞，看似为秦出谋划策，其实意在让秦国在齐、楚之战中保持中立的态度，从而使饱受战争困扰的楚国解除部分忧患，而战国时期策士的功用往往就在于不用一兵一卒，光是动动嘴皮子，就可使国家免去兵患。

本章给人启示良多：二次大战及其战后格局之演变，大国之间的相互利用，冷战局面的形成，此消彼长的角力，无不是战国之翻版。读历史结合看现实，一定非常有趣。

昭阳为楚伐魏

【原文】

昭阳①为楚伐魏，覆②军杀将，得八城，移兵③而攻齐。陈轸④为齐王使，见昭阳，再拜⑤贺战胜，起而问："楚之法，覆军杀将，其官爵何也？"昭阳曰："官为上柱国⑥，爵为上执珪⑦。"陈轸曰："异⑧贵⑨于此者何也？"曰："唯令尹⑩耳。"陈轸曰："令尹贵矣，王非置⑪两令尹也。臣窃为公譬⑫可也？楚有祠⑬者，赐其舍人⑭卮⑮酒。舍人相谓曰：'数人饮之不足，一人饮之有余。请画地为蛇，先成者饮酒。'一人蛇先成，引⑯酒且饮之，乃左手持卮，右手画蛇，曰：'吾能为之足。'未成，人之蛇成，夺其卮曰：'蛇固⑰无足，子安⑱能为之足？'遂饮其酒。为蛇足者，终亡其酒。今君相⑲楚而攻魏，破军杀将得八城，不弱兵⑳，欲攻齐。齐畏公甚，公以是为名居足矣。官之上非可重^㉑也。战无不胜，而不知止者，身且死，爵且后归，犹为蛇足也。"昭阳以为然，解军^㉒而去。

——选自《战国策·齐策二》

【今译】

楚国大将昭阳率楚军攻打魏国，大破魏军击杀魏将，占领了八座城池，又移师攻打齐国。陈轸作为齐王使者去见昭阳，拜两拜后祝贺楚军的胜利，然后站起来问昭阳："按照楚国的制度，破敌杀将，能封到什么官位爵禄？"昭阳答道："官至上柱国，爵为上执珪。"陈轸接着又问："比这更尊贵的爵禄还有什么？"昭阳说:"那只有令尹了。"陈轸就说:"令尹的确是最显贵的官职,但楚王却不可能设两个令尹!我私下为将军打个比方可以吗?楚国有个贵族祭过祖先以后,把一壶酒赐给门客。门客互相商议:'这酒几个人喝不够,一个人享用却还有余,让我们各在地上画一条蛇,先画成的请饮此酒。'有个门客率先完成,取过酒杯准备先喝,于是就左手持酒杯,右手又在地上继续画起来,并说:'我还能为蛇添上脚呢。'蛇脚还没画完,另一位门客的蛇也画完了,于是夺过他手中的酒杯,说'蛇原本就没有脚,你怎么能给它硬添上脚呢?'说完,便喝了那酒。画蛇脚的门客最终没有喝到酒。如今将军辅佐楚王攻打魏国,破军杀将,夺其八城,又移师攻打齐国,齐人非常畏惧您,光凭这些,将军的盛名也足够了,而在官位上是不可能再有什么加封的机会。如果战无不胜,却不懂得适可而止,将会招致杀身之祸,该得的官爵将会归属他人,就好像画蛇添足一样!"昭阳认为他的话有道理,就撤兵离开了。

【释义】

画蛇添足即是多此一举。陈轸果然足智多谋、长于论辩,用一个浅显成语故事陈述一个道理,既化解了国家的危机,又做了一回好人。陈轸所以能成功说服昭阳的原因便是参透了对方的心理,"天下熙熙,皆为利来,天下攘攘,皆为利往",古之攻城拔寨者,能将国家利益放在首位的,屈指可数,说到底,无非就是为了个人的爵禄。陈轸指出,如果战无不胜,却不懂得适可而止,最终不仅会丢官去爵，甚至会招致杀身之祸，这样说来，昭阳是不撤军也不行了。本章亮点在以博喻说服人，"知业不殆"是真理。前文所选苏厉说周君是同一例子。

苏秦为楚合纵说韩王

【原文】

苏秦①为楚合从说韩王曰："韩北有巩②、洛③、成皋④之固，西有宜阳⑤、常阪⑥之塞⑦，东有宛⑧、穰⑨、洧水⑩，南有陉山⑪，地方⑫千里，带甲⑬数十万。天下之强弓劲⑭弩⑮皆自韩出。谿子、少府、时力、距来⑯，皆射六百步之外。韩卒超足⑰而射，百⑱发不暇⑲止，远者达胸，近者掩心⑳。韩卒之剑戟皆出于冥山㉑、棠谿㉒、墨阳㉓、合伯㉔。邓师㉕、宛冯㉖、龙渊、大阿㉗，皆陆㉘断㉙马牛，水㉚击㉛鹄雁，当㉜敌即㉝斩。坚甲盾㉞、鞮鍪㉟、铁幕㊱、革抉㊲、𫌯芮㊳，无不毕㊴具㊵。以韩卒之勇，被㊶坚甲，跖劲弩㊷，带利剑，一人当㊸百，不足言也。夫以韩之劲与大王之贤，乃欲西面事㊹秦，称东藩㊺，筑帝宫㊻，受冠带㊼，祠春秋㊽，交臂㊾而服焉。夫羞㊿社稷而为天下笑，无过此者矣。是故愿大王之熟^⑤计之也。大王事秦，秦必求宜阳、成皋。今兹^⑫效^㊷之，明年又益求^㊴割地。与之即^㊵无地以给之，不与，则弃前功而后更受其祸。且夫大王之地有尽，而秦之求无已^㊶。夫以有尽之地而逆^㊼无已之求，此所谓市^㊽怨而买祸者也，不战而地已削矣。臣闻鄙语曰：'宁为鸡口，无为牛后。'今大王西面交臂而臣事秦，何以异于牛后乎？夫以大王之贤，挟^㊾强韩之兵，而有'牛后'之名，臣窃为大王羞之。"

注解

①苏秦：洛阳人，与张仪同从鬼谷子学纵横术，起初以连横游说秦惠王，不被用，后说燕、赵，联合六国为同盟抗秦，同时执掌齐、楚、燕、赵、魏、韩六国相印，为纵约长。后六国同盟被瓦解。齐、魏共伐赵，赵王责苏秦，又为赵联合燕。后又为燕过作间谍到齐国，以取得齐王的信任。最后在齐国被暗杀。②巩：故城在今河南省巩县西。　③洛：洛水。　④成皋（gāo）：今属河南省荥阳县，自古为军事必争之地。　⑤宜阳：今河南省宜阳县。　⑥常阪：即商阪，今陕西省商县东。⑦塞：阻，关隘险塞。　⑧宛：今河南南阳县。　⑨穰：今河南省邓县东南。　⑩洧（wěi）水：在今河南省，流入颍川。⑪陉山：在今河南省。　⑫地方：土地方圆。　⑬带甲：战士。　⑭劲：强。　⑮弩：弩弓，一种利用机械力量发射的弓。　⑯黢子、少府、时力、距来：此四种皆弩的名称。⑰超足：疑为"超距"，为练习臂力的一种功法。　⑱百：多次。⑲不暇：没有空闲的时间。　⑳远者达胸，近者掩心：人形箭靶，

远距离发射，可以射中胸部，近距离发射，可以射中其心。
㉑冥山：山名，在当时韩国的南部，楚国北部。　㉒棠谿：一说地名，在今河南省西平县西约六十里；一说美剑名。　㉓墨阳：一说地名，产利剑；一说剑名。　㉔合伯：地名，产利剑。　㉕邓师：邓国的铸剑师，铸剑，以之名命剑名。　㉖宛冯：宛人在冯池铸剑，因称其剑曰宛冯。　㉗龙渊、大阿：据《吴越春秋》载，楚王命差人干将，赵人欧冶铸剑，一把名作龙渊，一把名作大阿（或名泰阿）。　㉘陆：在陆地上。　㉙断：斩断。　㉚水：在水中。　㉛击：截杀。　㉜当：面对。　㉝即：则，就。　㉞甲盾：铠甲、盾牌。　㉟鞮(dī)鍪(móu)：头盔，古代打仗时用于保护头部的帽子。　㊱铁幕：铠甲外披的衣服。　㊲革抉：皮做的扳手，用以钩弦。　㊳㕦芮：系盾的丝带。　㊴毕：全，尽。　㊵具：备。　㊶被：同“披”，穿着。　㊷蹠(zhí)劲弩：踩踏弩机而发箭。　㊸当：抵得上。　㊹事：侍奉，讨好。　㊺东藩：东方的属国。　㊻筑帝宫：为秦王建筑宫室，作为他来视察或游玩的行宫。　㊼受冠带：接受秦王赐给的服饰。此言接受秦国的政治制度。　㊽祠春秋：春秋两季给秦王纳贡，以助秦国祭祀之用。　㊾交臂：两手抱在胸前恭恭敬敬地表示屈服。　㊿羞：使……蒙羞。　(51)熟：仔细地。　(52)今兹：这一次。兹，此。　(53)效：献。　(54)益求：进一步地要求。　(55)即：则，就。　(56)无已：没完没了。　(57)逆：接受。　(58)市：买。　(59)挟：持，握，拥有。

【今译】

苏秦为楚国合纵游说韩王说：“韩国北面有巩地、洛地、成皋那样坚固的边城，西面有宜阳、常阪险要的边塞，东面有宛地、穰地、洧水，南面有陉山，土地方圆千里，身穿铠甲的士兵有几十万。天下的强弓硬弩都是从韩国出产的，溪子、少府、时力、距来这些良弓，都可射出六百步之外。韩国士兵练习臂力来射箭，能发射百箭而不间断，（人形箭靶上）远距离发射，可以射中胸部，近距离发射，可以射穿心脏。韩国士兵的剑戟都出产于冥山、棠谿、墨阳、合伯。而邓师、宛冯、龙渊、太阿这样的宝剑，都能够在陆地上斩断牛马，在水中击杀天鹅和大雁，遇见敌人立刻可斩。至于坚固的铠甲、盾牌、头盔、铠甲外的披肩、皮做的扳手、系盾的绶带，这些东西韩国无不具备。依靠韩国士兵的骁勇，披上坚固的铠甲，脚踏强劲的大弩，佩带锋利的宝剑，一人可以抵挡一百人，那是根本不必说的。凭韩国的强大和大王的贤明，竟然要向西侍奉秦国，自称是秦国东面的藩国，为秦王修筑行宫，接受秦国的冠带制度，春秋两季给秦王纳贡，以助秦国祭祀之用，向秦国拱手称臣，使国家蒙受羞辱并被天下人耻笑，错误没有比这更严重的了。因此希望大王仔细考虑。大王侍奉秦国，秦国一定会要求得到宜阳、成皋，如今献地给秦国，明年又会要求增多割地。如果给秦国土地，继续下去就无地可给；不给秦国土地，就前功尽弃并且以后更会遭遇秦国的祸害。再说大王的土地有割尽的时候，而秦国的贪求却不会休止。用有限的土地去迎合无休止的贪欲，这就是所说的自己购买怨恨和祸患，没有打仗土地就已经被割光了。我听说一句俗话：'宁可做鸡口，不可做牛后。'现在大王要拱手向西称臣事奉秦国，和做牛后有什么不同呢？凭大王的贤明，又拥有着强大的韩国军队，却得到了'牛后'的名声，我私下替大王感到羞愧。"

【原文】

韩王忿然作色①，攘臂②按剑，仰天太息③曰："寡人虽死，必不能事秦。今主君以楚王之教诏之，敬奉社稷以从④。"

——选自《战国策·韩策一》

注 解

①忿然作色：发怒的样子，脸色大变。 ②攘臂：卷袖露臂，形容激愤。 ③太息：叹息。 ④从：同"纵"，指合纵主张。

【今译】

韩王发怒，脸色大变，卷袖露臂按住宝剑，仰天叹息说："寡人即使死了，也一定不会去侍奉秦国。现在先生把楚王的教诲告

诉我，请允许我让全国上下听从您的合纵主张。"

【释义】

本章是苏秦为进一步壮大合纵联盟而游说韩王的说辞，苏秦首先从韩国的地势出发，继而就韩国的物产入手，为韩王分析了形势，韩国占据险要的地势，又盛产强弓劲弩，拥有精锐的部队，如果拱手侍奉秦国，那是相当可惜的。

战国时，游士行纵横之策的说辞无非两种套路，一种是吹捧，说你的国家如何强大，若臣服于对手是得不偿失的；另一种是恐吓，将国家面临的处境说得万分危急，若不与他国联合，就会遭遇灭顶之灾。显然苏秦说韩王时用的是第一种套路，效果相当不错，韩王听后，立刻忿然作色，攘臂按剑，同意参加合纵联盟。

本文的亮点在让我们看看策士们是为何鼓起他那如簧之舌说服国君的。如果我们视野开阔一点，想想二十世纪三十年代，当年苏联、德国是为何角逐斗法的，英美又是为何想将希特勒祸水东引的，二战后又是如何划分势力范围的。真是非常有趣。

赵且伐燕

【原文】

赵且①伐②燕，苏代③为④燕王谓惠王⑤曰："今者臣来，过⑥易水，蚌方⑦出曝⑧，而鹬⑨啄其肉，蚌合而拑⑩其喙⑪。鹬曰：'今日不雨⑫，明日不雨，即⑬有死蚌。'蚌亦谓鹬曰：'今日不出，明日不出，即有死鹬。'两者不肯相舍⑭，渔者得而并⑮禽⑯之。今赵且伐燕，燕、赵久相支⑰以弊⑱大众，臣恐强秦之为渔父也。故愿王之熟⑲计⑳之也。"惠王曰："善。"乃止。

——选自《战国策·燕策二》

注解

①且：将要。　②伐：攻打。　③苏代：苏秦的弟弟。　④为：替。　⑤惠王：赵惠文王。　⑥过：渡过。　⑦方：正在。　⑧曝(pù)：晒，晒太阳。　⑨鹬(yù)：一种水鸟，嘴和腿都细长，常在浅水边或水田中捕食小鱼、昆虫、河蚌等。　⑩拑(qián)：夹住。　⑪喙(huì)：鸟兽的嘴。　⑫雨：下雨，这里用作动词。　⑬即：就。　⑭相舍：互相放弃。　⑮并：一起。　⑯禽：同"擒"，捕捉。　⑰支：敌，拒，对抗。　⑱弊：使……疲敝，疲劳。　⑲熟：仔细。　⑳计：考虑。

蚌方出曝，而鹬啄其肉，蚌合而拑其喙。
……两者不肯相舍，渔者得而并禽之。

【今译】

赵国将要攻打燕国，苏代替燕王对赵惠文王说："今天我来到燕国，在渡过易水的时候，一只河蚌正露出自己晒太阳，鹬鸟过来啄河蚌的肉，河蚌合起外壳夹住鹬鸟的嘴。鹬鸟说：'今天不下雨，明天不下雨，就要有死蚌了。'河蚌也对鹬鸟说：'今天出不来，明天出不来，就要有死鹬了。'两人互相不肯放弃，一个渔翁就把它俩一起捉住了。如今赵国将攻打燕国，燕、赵两国长期相互抵抗、互相为敌，使得两国的百姓疲敝不堪，我担心强大的秦国像渔父那样（坐享渔翁之利）。所以希望大王好好考虑这件事吧。"赵惠文王说："好。"这才停止出兵攻打燕国。

【释义】

"鹬蚌相争，渔翁得利"为家喻户晓的成语。战国时代，赵国将燕国视为进攻对象，战国时期，地处北方的燕国实力相对其余六国来最是弱小，怎样使燕国摆脱困境呢？苏秦的弟弟苏代自告奋勇前往赵国游说，他用一则短小简单的寓言故事，使得赵王打消了出兵攻燕的念头。而故事虽短，却蕴含着深刻的哲理：大敌当前，弱小者之间要联合起来，消除矛盾，团结一致，共同对付强大的敌人。而处理内部事务也是如此，局部利益要服从整体利益，眼前利益要服从长远利益，否则，只会两败俱伤，使第三者得利。

国与国争斗如此，其实商场如战场。如果我们将这个原理了

然于心中，则会发现其实"商战"中有些实例也是如此。所谓"生存"的智慧，要从读史中获得。无怪日本人要从《三国演义》里获取"商战"的智慧。

毛遂自荐之辞

　　"敢于自我推荐"是现代公关的一个课题，如今职场中的年轻人多擅长此道，追根溯源，"敢于自我推荐"的老祖宗自然非战国时期的策士们莫属。而策士们自我推荐的勇气与机智历来为人们所称颂，清人吴楚材、吴调侯云："三番弹铗，想见豪士一时沦落，胸中魂礧，勃不自禁。"（《古文观止》卷四）其中，便引用了冯谖客孟尝君的故事。虽然，王安石批评孟尝君的养士只不过是在身边聚集一些鸡鸣狗盗之徒，算不得真正的得士，但平心而论，冯谖的才干识见绝非那些鸡鸣狗盗之伎俩可比。当然《战国策》一书中记载的策士远不止"四公子"手下那些人。张仪、苏秦之巧辩，甘茂、吕不韦之机智又何尝逊色？

　　这里收入的大多是《战国策》中游士们的自荐之辞，阅读这部分内容，我们可以看看古代那些策士们是如何因为利益的驱动，而充分调动自己的才智的。当然对他们那种不分正义与非正义、不讲原则的处世态度，对他们的朝秦暮楚、反复无常、有奶便是娘的行径，更需要加以批判。我们应当坚持自己的判断，但从言说技巧而言，我们可以从中获得不少启示。

苏秦始将连横

【原文】

苏秦①始将②连横③，说④秦惠王曰："大王之国，西有巴蜀、汉中之利⑤，北有胡貉⑥、代马⑦之用⑧，南有巫山⑨、黔中⑩之限⑪，东有肴⑫、函⑬之固。田肥美，民殷富，战车万乘⑭，奋击⑮百万，沃野千里，蓄积饶多，地势形便⑯，此所谓天府⑰，天下之雄国⑱也。以大王之贤，士民之众，车骑之用，兵法之教⑲，可以并诸侯，吞天下，称帝而治，愿大王少留意，臣请奏⑳其效㉑。"

注解

①苏秦：洛阳人，与张仪同从鬼谷子学纵横术，起初以连横游说

战国争雄

秦惠王，不被用，后说燕、赵，联合六国为同盟抗秦，同时执掌齐、楚、燕、赵、魏、韩六国相印，为纵约长。后六国同盟被瓦解。齐、魏共伐赵，赵王责苏秦，又为赵联合燕。后又为燕作间谍到齐国，以取得齐王的信任。最后在齐国被暗杀。 ②将：以，用。 ③连横：东西为横。秦居函谷关以西，使秦分别联合崤山以东六国，这是一种远交近攻的政治策略。 ④说(shuì)：游说。 ⑤"巴蜀"句：指秦国西边有巴蜀、汉中，可取得农业之利。 ⑥胡貉(mò)：北方两个少数民族。 ⑦代马：地名，代郡、马邑。 ⑧用：物资，物用。 ⑨巫山：原四川省巫县以东，今属重庆，在重庆湖北两省市边境。 ⑩黔中：战国时楚地，今湖南省北部、西部和贵州省东部一带。 ⑪限：险阻。 ⑫崤：崤山，今河南洛宁县北。 ⑬函：函谷关，今河南灵宝县南。 ⑭乘(shèng)：四匹马拉一辆兵车为一乘。 ⑮奋击：精选善战、敢于冲锋陷阵、勇于殊死决战的士卒，犹言"敢死队"。 ⑯地势形便：所处的地理位置险要有力；山川、草木诸地形有利。势：力；便：利。 ⑰天府：物产富饶，便于取用，像天然的府库。府：财物所聚集之处。 ⑱雄国：强国。 ⑲教：习练。 ⑳奏：同"凑"，促成。 ㉑效：效验。

【今译】

苏秦开始提出连横的政治主张时，（首先）游说秦惠王说："大王，您的国土西面有巴蜀、汉中富饶的资源，北面有胡貉、代马丰富的物用，南面有巫山峡谷和黔中的险要地势，东面有崤山、函谷关坚固天然的屏障。田地肥美，百姓富足，四马拉的战车有一万多辆，骁勇善战的士兵有一百多万，肥沃的田野上千里，积蓄丰饶，所处的地理位置险要，山川、草木诸地形有利。这是所谓的天府之地，天下称雄的国家啊。以大王的贤明，众多的百姓，兵车马队的使用，兵法的教习，足够可以兼并诸侯，统一天下，称帝治国，希望大王稍微留意一下，请允许我（助您）促成大业。"

【原文】

秦王曰："寡人闻之，毛羽不丰满者不可以高飞，文章①不成②者不可以诛罚③，道德④不厚⑤者不可以使⑥民，政教⑦不顺者不可以烦大臣。今先生俨然⑧不远千里而庭⑨教之，愿以异日⑩。"

①文章：指国家法令制度。　②成：完备。　③诛罚：处罚。
④道德：仁义恩惠。　⑤厚：深。　⑥使：使用，派遣。
⑦政教：政治教化。　⑧俨然：严肃认真，郑重其事。　⑨庭：当庭，当面。　⑩异日：改天。

【今译】

秦王说："我听人说，羽毛不丰的鸟儿，不可以高飞，不完备的法令不可以施行处罚；道德不高尚的人不可以役使百姓，政治教化不顺民心的人不可以烦劳大臣。如今先生您郑重其事地不远千里当面赐教，改日来再说吧。"

【原文】

　　说秦王书十上而说不行。黑貂之裘弊①，黄金百斤尽，资用乏绝，去秦而归。嬴②縢③履蹻④，负书担橐⑤，形容枯槁⑥，面目犁⑦黑，状有归⑧色。归至家，妻不下纴⑨，嫂不为炊，父母不与言。苏秦喟叹⑩曰："妻不以我为夫，嫂不以我为叔，父母不以我为子，是⑪皆秦之罪也。"乃夜发⑫书，陈箧⑬书事，得《太公阴符》之谋，伏而诵之，简⑭练⑮以为揣摩⑯。读书欲睡，引⑰锥自刺其股⑱，血流至足。曰："安有说人主不能出其金玉锦绣，取卿相之尊者乎？"期年，揣摩成，曰："此真可以说当世之君矣！"

注解

①弊：同"蔽"，破损、破裂。　②嬴(léi)：同"累"，缠绕，困住。
③縢(téng)：邪幅，即今之绑腿。　④蹻(jué)：草鞋，麻鞋。
⑤橐：即囊，袋子。　⑥枯槁：憔悴。　⑦犁(lí)：同"黧"，黑。　⑧归：同"愧"，愧疚。　⑨纴：织布的思缕，此指

织布机。　⑩喟叹：因感叹而长叹。　⑪是：这。　⑫发：取出。　⑬箧(qiè)：小箱子。　⑭简：选择。　⑮练：习熟。　⑯揣摩：悉心探求。　⑰引：拿，取。　⑱股：大腿。

【今译】

　　苏秦游说秦王的奏疏上了十次，但他的连横主张没有被采用。黑貂的皮衣也破了，上百斤黄金也用完了，资财用品匮乏没着落，于是苏秦离开秦国回家乡。他缠着裹腿，穿着草鞋，背着书袋，挑着行囊，状貌憔悴，脸色又黄又黑，带着惭愧的神色。回到家里，妻子不下机织布，嫂嫂不下厨做饭，父母不同他讲话。苏秦感叹说："妻子不把我当丈夫，嫂嫂不认我作小叔，父母不当我是儿子，这都是秦国的罪过啊。"于是连夜取出藏书，排开几十只书箱，得到《太公阴符》，学习其中的谋略，每天伏着诵读，有选择地练习，悉心探求。每当读书读得累了想睡的时候，就拿锥子自刺大腿，鲜血流到脚上。说："哪里有游说君主不能让他拿出金玉锦绣，得到卿相尊位的呢？"一年以后，研究成功，说："这真的可用来游说当代君王了！"

【原文】

于是乃摩^①燕乌集阙^②，见^③说赵王于华屋^④之下，抵^⑤掌而谈。赵王大悦，封为武安君。受相印，革车^⑥百乘，绵绣^⑦千纯^⑧，白璧^⑨百双，黄金万溢^⑩，以随其后，约从散横，以抑^⑪强秦。故苏秦相于赵而关不通。

注解

①摩：顺着，靠近。　②燕乌集阙：宫阙名。　③见：谒见，拜见。　④华屋：高大华丽的屋宇。　⑤抵：当作"抵"，侧手击拍。抵掌而谈，形容言谈欢畅投契。　⑥革车：兵车。　⑦绵绣：当为"锦绣"，色彩鲜艳，质地精美的丝织品。　⑧纯：一纯为二尺四寸，千纯为二千四百寸。　⑨璧：同"璧"，古玉器，平圆形，正中有孔，孔的直径占璧全直径的三分之一。古代贵族朝聘、祭祀、丧葬时的礼器，也作佩带的装饰品。　⑩溢：同"镒"，二十两或二十四两为一镒。　⑪抑：抵抗。

【今译】

于是苏秦就步入燕乌集阙宫，在高大华丽的宫宇中拜见并游说赵王，言谈欢畅投契。赵王非常高兴，封苏秦为武安君。授予他丞相之印，一百多辆兵车，两千多尺绸缎，一百多对白璧，几十万两黄金，让他随身带着，相约合纵拆散连横，用来抵制强大的秦国。因此苏秦任赵国丞相后，函谷关内外就断绝了往来。

【原文】

当此之时，天下之大，万民之众，王侯之威，谋臣之权，皆欲决①苏秦之策。不费斗粮，未烦一兵，未张一士，未绝一弦，未折一矢，诸侯相亲，贤于②兄弟。夫贤人在而天下服，一人用而天下从。故曰：式③于政，不式于勇；式于廊庙④，不式于四境之外。当秦之隆⑤，黄金万溢⑥为用，转毂⑦连骑，炫熿⑧于道，山东之国，从风而服，使赵大重⑨。且夫苏秦特⑩穷巷⑪掘门⑫、桑户棬枢⑬之士耳，伏⑭轼⑮搏⑯衔⑰，横⑱历⑲天下，廷⑳说诸侯之王，杜㉑左右之口，天下莫之能伉㉒。

注　解

①决：取决。　②贤于：胜过，超过。　③式：依靠、依赖。　④廊庙：廊、庙都是古代帝王和大臣议论政事的地方。　⑤隆：兴盛。　⑥溢：同"镒"，二十两或二十四两为一镒。　⑦毂(gǔ)：车轮中心，有洞可以插轴的部分，借指车轮或车。　⑧炫熿：光耀显赫。熿同"煌"。　⑨重：尊贵。　⑩特：只不过。　⑪穷巷：陋巷，僻巷。⑫掘门：当为"堀穴"，窟穴。　⑬桑户棬(quān)枢：以桑木为门户，以揉木为门枢。枢：门臼，承门轴的地方。⑭伏：扶。　⑮轼：车前的横木。　⑯搏：顿，控制。⑰衔：马勒。　⑱横：遍。　⑲历：行，经。　⑳廷：在朝廷上，当庭。　㉑杜：堵塞。　㉒伉：同"抗"，抗衡。

【今译】

在这个时候，广大的天下，众多的百姓，威严的王侯，掌权的谋臣，都想要取决于苏秦之谋划。没有浪费一斗米粮，没有劳烦一个士兵，没有用一个人打仗，没有断一根弓弦，没有折断一根弓弦，诸侯相亲相爱，胜过兄弟。贤德的人在位，天下之人皆信服，一个人用权而天下人都听从。所以说：依靠政治手腕，不依靠武力；重视宫廷内部之谋略，不要重视四境之外的得失。当苏秦得势的时候，黄金万镒任他使用，随从车马成行，往来路上光耀显赫、威风十足，崤山以东的国家，像草木随风那样服从指挥，这让赵国的威望大大提高。而且苏秦只不过是出身于陋巷寒门的士人罢了，却成了伏在车轼、勒马遍行天下、在朝堂上游说诸侯的大人物，他堵住周围人的嘴，天下没有谁敢于和他抗衡。

【原文】

将说楚王路过洛阳，父母闻之，清宫①除②道，张③乐设④饮，郊迎三十里。妻侧目⑤而视，倾耳⑥而听；嫂蛇⑦行匍伏⑧，四拜自跪谢⑨。苏秦曰："嫂，何前倨⑩而后卑也？"嫂曰："以季子之位尊而多金。"苏秦曰："嗟乎！贫穷则父母不子，富贵则亲戚畏惧。人生世上，势位富贵，盖⑪可忽乎哉！"

——节选自《战国策·秦策一》

注释

①宫：住房。　　②除：打扫。　　③张：施，布置。　　④设：摆开。　　⑤侧目：不敢从正面看，斜着眼睛看；形容畏惧的神情。⑥倾耳：侧斜着专注而又胆怯地探听。　　⑦蛇：像蛇一样。⑧匍伏：趴伏。　　⑨谢：道歉。　　⑩倨：傲慢。　　⑪盖：同"盍"，何。

【今译】

　　苏秦预备游说楚王途径洛阳，父母听说他回来了，清屋扫道，安排乐器摆设酒席，在郊外三十里以外迎接。妻子斜着眼睛偷看他、侧着耳朵听他说话；嫂嫂像蛇一样趴伏在地上行走，拜了四拜自己跪在地上请罪。苏秦说："嫂嫂，为何从前那样傲慢今天如此谦卑呢？"嫂子说："因为叔叔的地位尊贵且富裕。"苏秦说："可叹啊！人贫穷失意时，父母都不把他当儿子，富贵得志了，连亲属都畏惧他。人活在世界上，权位和富贵怎么可以忽视啊！"

【释义】

　　本章详尽且生动地记载了苏秦游说生涯的第一次挫折，通过前后对比，在反映苏秦成长过程的同时，也深刻地反映了当时士人的价值观，也从中揭示出世态炎凉，不禁让读者引起深思。

　　从本章看，苏秦虽凭借合纵之策，一举成为六国纵约长，裴马洋洋，煊赫一时，但一开始他的主张并非合纵，而是连横，他出游的第一站是秦国，从中我们可以看出苏秦是极有政治眼光的。因为他看到了秦国的强大，已预见到最终吞并六国一统天下的是秦国。然而，他选错了时间和对象。当时秦惠王刚继位，就把商鞅杀了，足见他对策士的反感。事实上，秦惠王并非不想有所作为，而是想先理顺朝廷内部的关系、清明国内的政治，在此基础上，再考虑向外扩张，照理说，苏秦应该知难而退了，可他偏不罢休，连上十书，都石沉大海，弄得自己资用乏绝，形如枯槁。回家以后，家人非得没有给他安慰，都冷眼相待，然而这更坚定了苏秦卧薪尝胆、悬梁刺股、潜心研究的决心。待他日夜苦读，终于练成本领，说动六国合纵。

当他佩六国相印荣归故里的时候，家人对他的态度判若天渊，父母除道清宫、张乐设饮，妻子侧目而视、侧耳而听，毕恭毕敬；嫂子则蛇行匍匐，四拜跪谢。当苏秦问她："为何前倨而后恭？"嫂子的回答颇为直白，因为小叔"位尊金多"。这让苏秦深深地感到人情冷暖、世态炎凉。阅读本章，我们当注意，在胜者王败者寇崇高丛林法则的年代，一切皆从"利"出发，我们不能苛责苏秦的人生观、价值观。作为策士，他游说诸国，目标不在天下安危，而在于"金玉锦绣"、"卿相之尊"。反观其家庭成员的价值取向，苏秦极为功利的价值观就在意料之中了。但其小人得志的丑态毕竟不值得夸耀。千百年来，成为中国戏剧舞台上有趣的角色，作为一面镜子照见不少无行的才士之行径，同时也可照见社会风气世态人情。科学已发展日新月异，而人性进步了吗？

<h1 style="text-align:center">甘 茂 亡 秦</h1>

【原文】

甘茂①亡秦，且之齐，出关②遇苏子③，曰："君闻夫江上之处女④乎？"苏子曰："不闻。"曰："夫江上之处女，有家贫而无烛者，处女相与语，欲去⑤之。家贫无烛者将去矣，谓处女曰：'妾以无烛，故常先至，扫室布席⑥，何爱余明之照四壁者⑦？幸⑧以赐妾，何妨于处女？妾自以有益于处女，何为去我？'处女相语以为然⑨，而留之。今臣不肖，弃逐⑩于秦而出关，愿为足下扫室布席，幸无我逐也⑪。"苏子曰："善。请重⑫公于齐。"乃西说秦王曰："甘茂贤人，非恒士⑬也。其居秦累世⑭重⑮矣，自殽塞⑯、谿谷⑰，地形险⑱易⑲尽知之。彼若以齐约韩、魏，反以谋秦，是非秦之利也。"秦王曰："然则⑳奈何？"苏代曰："不如重㉑其贽㉒，厚㉓其禄以迎之。彼来则置之槐谷㉔，终身勿出，天下何从图㉕秦。"秦王曰："善。"与之上卿㉖，以相迎之齐。甘茂辞不往，苏代伪㉗谓王曰："甘茂，贤人也。今秦与之上卿，以相迎之，茂德㉘王之赐，故不往，愿为王臣。今王何以礼㉙之？王若不留，必不德王。彼㉚以甘茂之贤，得擅用㉛强秦之众，则难图也！"齐王曰："善。"赐之上卿，命而处㉜之。

——选自《战国策·秦策二》

注解

①甘茂：下蔡人，秦惠王时为副将，秦武王时为左丞相。　②关：函谷关。　③苏子：指苏代。　④处女：未嫁之女。　⑤去：使……离去，打发走。　⑥布席：铺席。　⑦何爱余明之照四壁者：你们何必吝惜照射在四壁上的余光呢。爱：吝惜。⑧幸：希望。　⑨然：对。　⑩弃逐：驱逐。　⑪幸无我逐也：希望（你们）不要驱逐我。　⑫重：使……重视、尊重。⑬恒士：常人，一般人，普通人。　⑭累世：连续几世。甘茂在秦惠王、秦武王、秦昭王三世做官。累：连续。　⑮重：受重用。　⑯殽塞：指函谷关。殽：同"崤"，崤山。　⑰黧谷：疑即"槐谷"，一作"鬼谷"，即今陕西省三原县西二十里之清谷，亦作"清水谷"。　⑱险：险要。　⑲易：平坦。　⑳然则：既然这样，那么。　㉑重：增加。　㉒贽：聘礼。古时聘礼，重者用玉帛，轻者用禽鸟。　㉓厚：增加。　㉔槐谷：见本章注释⑰　㉕图：图谋。　㉖上卿：朝廷高级官员。　㉗伪：当作"为"。　㉘德：感激。　㉙礼：礼待。　㉚彼：语助词。　㉛擅用：专用，全权掌握。　㉜处(chǔ)：使居住。

【今译】

甘茂从秦国逃亡出来将要到齐国，出函谷关的时候，在路上遇见苏代，对苏代说："您听说过那江上青年女子的事情吗？"苏代说："没听过。"甘茂说："那江上青年女子中有个家境贫穷点不起蜡烛的，其他女子相互商量，想要打发她走。家境贫穷得点不起蜡烛的人将要离开时，对女子们说：'我因为没有蜡烛，所以常常先到，打扫房间铺座席，你何必吝惜那点照在四壁上的余光呢？把一点余光赏给我，对你们又有什么妨碍呢？我自己认为对你们有好处，你们为什么要赶我走呢？'青年女子们互相讨论，认为她说的有道理，就留下她了。如今我缺乏能力，被秦国驱逐而离开函谷关，情愿能够为您打扫房间铺席子，希望不要赶我走。"苏代说："好。请允许我让齐国重用您。"于是向西游说秦王说："甘茂是贤德之人，不是普通人啊。他在秦国时连续几世受到重用，从崤塞到槐谷，秦国地形险要平坦之处他都知道。他如果凭借齐国联合韩、魏，反过来图谋秦国，这对秦国是不利的。"秦王说："既然这样，那么该怎么办呢？"苏代回答："不如增加我们的聘礼，加重我们的俸禄来迎接他。他一来就把它幽禁在槐谷之中，让他一辈子不要出来，天下人能从哪里图谋秦国呢？"秦王曰："好。"于是赐予甘茂上卿的官位，让丞相到齐国迎接他。甘茂推辞不去秦国，苏代又为他对齐王说："甘茂是贤者。如今秦国赐给他上卿的官位，并让丞相来迎接他，甘茂感激大王您的恩赐，所以不前往，希望成为大王的臣子。如今大王用什么来礼待他呢？大王如果不留他，他一定不会再感激您的。以甘茂的贤能，让他得以全权掌握强秦的民众，那可就难对付了！"齐王说："好。"于是，赐给甘茂上卿的官位，让他留在齐国。

【释义】

甘茂原为楚国下蔡人，由张仪、樗里疾引荐至秦惠文王处，受秦惠王赏识，帮助秦国占领楚国汉中等地，后遭谗毁亡秦至齐，途遇策士苏代。甘茂巧用"江上处女"的寓言，暗示自己窘迫的处境，更说明游说之士应该互相借重之理。苏代则从秦、齐两国的利害关系入手展开游说，其中既有威胁，又有利诱，终于说服了秦王、齐王，使甘茂受到齐王的器重。

战国局势动荡不安，游说之士朝秦暮楚、数易其主实属常态，而本章在《战国策》众多游士自荐之辞中属于较为特殊的一篇。它的特殊之处在于，甘茂是借苏代——另一位游士之口实现自荐于齐之目的，而他说服苏代鼎力相助的那番话亦颇有深意。要知道，在国际局势瞬息万变的情况下，游士之间的竞争也异常激烈，但甘茂、苏代用他们的实际行动告诉我们，游士间不独竞争与猜忌，还有互助与共赢。

此章的亮点在于：策士互相吹捧时，犹如生意场上哄抬物价，也如今日所谓明星"炒作"。由此言之，"炒作"之风不始于今日，历史这个舞台，曾演出多少喜剧啊！

濮阳人吕不韦贾于邯郸

【原文】

濮阳①人吕不韦②贾③于邯郸④，见秦质子⑤异人，归而谓父曰："耕田之利几倍？"曰："十倍。""珠玉之赢⑥几倍？"曰："百倍。""立⑦国家之主赢几倍？"曰："无数。"曰："今力田⑧疾⑨作，不得暖衣余食，今建国立君，泽⑩可以遗世，愿往事之。"

注解

①濮阳：今河南省汉阳县西部。　②吕不韦：濮阳人，在阳翟经商。出谋辅佐秦孝文王中子子楚，使其被立为太子，后继位为庄襄王，以吕不韦为国相，称为仲父。后因"嫪毐之乱"，吕不韦畏罪自杀。　③贾：做生意。　④邯郸：赵都，今河北省邯郸市。⑤质子：古代派往别国做人质的王子或诸侯之子。　⑥赢：盈余。　⑦立：拥立。　⑧力田：致力耕田。　⑨疾：勤苦。⑩泽：福泽。

【今译】

濮阳人吕不韦在邯郸做生意，见到在赵国做人质的秦王子异人，回去对他的父亲说：“种田的利润能有几倍？”父亲回答：“十倍。”“贩卖珠玉的盈余能有几倍？”父亲说：“能有百倍。”“拥立国家之主的盈利能有几倍？”父亲回答说：“那可不计其数了。”吕不韦说：“如今极力耕田勤苦劳作，还不能穿暖吃饱，如果建一个国家、立一个国君，那么福泽就可以传给后世，我希望能前去办成这件事情。”

【原文】

秦子异人质于赵，处于聊城。故往说①之曰：“子傒②有承国之业③，又有母在中④。今子无母于中，外托⑤于不可知之国⑥，一日倍约，身为粪土⑦。今子听吾计事⑧，求归，可以有秦国。吾为子使⑨秦，必来请子。”

①说：说服别人。　②子傒：秦太子，为子异人的异母兄弟。
③业：条件，本事。　④在中：在宫中，在朝中。中，内也。
⑤托：脱身，投身，寄身。　⑥不可知之国：此指赵国多变，不可测度。　⑦粪土：喻死亡。　⑧计事：谋事。　⑨使：出使。

【今译】

秦国王子异人在赵国做人质，住在聊城。因此前往子楚那边游说他说："子傒有继承国君的机会，又有母亲在宫中。现在，你没有母亲在宫中，在国外又寄居在不测的敌国，秦赵一旦违背约定，您就将化为粪土。现在您若听从我的计划，先求得回国，就能有掌握秦国大权的机会了。我为你出使秦国，他们一定来请您回去。"

【原文】

乃说秦王后①弟阳泉君曰："君之罪至死，君知之乎？君之门下②无不居高尊位，太子门下无贵者。君之府藏珍珠宝玉，君之骏马盈外厩③，美女充后庭。王之春秋④高，一日山陵崩⑤，太子用事⑥，君危于累卵⑦，而不寿于朝生⑧。说有可以一切⑨，而使君富贵千万岁，其⑩宁⑪于太山四维⑫必无危亡之患矣。"阳泉君避席⑬，请闻其说。不韦曰："王年高矣，王后无子，子傒有承国之业，士仓⑭又辅之。王一日山陵崩，子傒立，士仓用事，王后之门，必生蓬蒿⑮。子异人，贤材也，弃在于赵，无母于内，引领西望⑯，而愿一得归。王后诚⑰请而立之，是子异人无国而有国，王后无子而有子也。"阳泉君曰："然。"入说王后，王后乃请赵而归⑱之。

注解

①秦王后：秦孝文王后华阳夫人。　②门下：属下，部下。
③厩(jiù)：马棚。　④春秋：喻年龄。　⑤山陵崩：天子、诸侯国君、太后之死称为山陵崩。　⑥用事：执政。　⑦危于累卵：比垒起的蛋还危险。比喻极其危险。　⑧不寿于朝生：像朝菌一样短命。不寿：寿命不长；朝生：即"朝菌"，菌类植物，早晨生，晚上死，比喻短命。　⑨一切：此指权宜，变通，见机行事。　⑩其：而。　⑪宁：安。　⑫太山四维：太山的四个角。太山：即泰山，在今山东省泰安市。
⑬避席：离开自己的座席，表示不安而肃然起敬之意。　⑭士仓：当为"杜仓"，秦昭王国相。　⑮必生蓬蒿：比喻门庭冷落。
⑯引领西望：伸长脖子向西张望，含有盼望之意。引：伸；领：颈。
⑰诚：如果，果真。　⑱归：使……回去。

【今译】

于是吕不韦就去对秦孝文王后华阳夫人的弟弟阳泉君说："您犯了死罪，您知道吗？您的部下没有不居于高位、尊位的，太子的部下却没有居于高位的人。您的府库里藏着珍珠宝玉，您的马圈里充满着骏马，美女充斥着后宫。如今大王年事已高，哪一天一旦驾崩，太子掌权执政，您的处境比垒起的蛋还危险，比朝生菌的寿命还短。现在有一句话可以使您富贵千万年，像泰山四角那样安稳，肯定不会有危亡的忧患。"阳泉君离开坐席请求指教。吕不韦说："大王年事已高，王后又没有儿子，太子子傒有继承国家大业的权利，又有士仓辅佐他。大王一旦驾崩，子傒立为王，士仓就会掌权，到时王后的门庭，必然会长满荒草。王子异人，是贤能的人才，可是他被遗弃在赵国做人质，宫内又没有母亲，伸长脖子向西看，希望能够回来一次。王后若是真的请求大王把异人立为太子，这样王子异人没有权势却掌权，王后没有儿子而有了儿子。"阳泉君说："对。"进入宫中规劝王后，王后于是请求赵国让异人回秦国。

【原文】

赵未之遣①，不韦说赵曰："子异人，秦之宠②子也，无母于中，王后欲取而子③之。使④秦而欲屠赵，不顾一子以⑤留计⑥，是⑦抱⑧空质⑨也。若使子异人归而得立，赵厚⑩送⑪遣之，是不敢倍德⑫畔⑬施⑭，是自为德讲⑮。秦王老矣，一日晏驾⑯，虽⑰有子异人，不足以结⑱秦。"赵乃遣之。

注解

①未之遣：未遣之。遣：送。　②宠：爱。　③子：以……为子，认……做儿子。　④使：假使。　⑤以：而。　⑥留计：坚持计策。根据上下文，意为：坚持"屠赵"之计策。

⑦是：这。　　⑧抱：据有，占有。　　⑨空质：没有实际用处的人质。　　⑩厚：隆重地。　　⑪送：遣送。　　⑫德：恩德。⑬畔：同"叛"，背叛。　　⑭施：恩惠，仁慈。　　⑮讲：即"媾"，结交，交好。　　⑯晏驾：指天子、国君诸侯等死亡。君王当早起上朝，如宫车晚出，必有事故。古代忌讳说死，故君王死称"晏驾"。　　⑰虽：即使。　　⑱结：结交。

【今译】

　　赵没有将异人送回秦国，吕不韦游说赵王说："王子异人，是秦国受宠的王子，没有母亲在宫中，王后想要把异人认作自己的儿子。假使秦国想要消灭赵国，不会顾及一个王子，而坚持他们灭赵的计划，这样是占有没有用处的人质。如果让王子异人回国并且被立为太子，赵国隆重地把他送回去，他不敢违背赵国施予的恩惠，他自会因为恩德与赵国交好。秦王年事已高，哪天一旦驾崩，即使据有王子异人，不足以和秦国交好。"赵国于是把王子异人送回秦国。

【原文】

　　异人至，不韦使楚服①而见。王后悦②其状③，高④其知⑤，曰：

"吾楚人也。"而自子⑥之，乃变其名曰楚。王使子诵⑦，子曰："少弃捐⑧在外，尝⑨无师傅所教学，不习于诵。"王罢⑩之，乃留之。间⑪曰："陛下尝轫车⑫于赵矣，赵之豪桀，得知名者不少。今大王反⑬国，皆西面而望⑭。大王无一介之使⑮以存⑯之，臣恐其皆有怨心，使边境早闭晚开。"王以为然⑰，奇⑱其计。王后劝立之。王乃召相，令之曰："寡人子莫若楚。"立以为太子。

注解

①楚服：穿楚人的衣服。　②悦：喜欢。　③状：状貌，此指装束。　④高：赞赏，赏识。　⑤知：同"智"，见识。　⑥子：以……为子，把……当儿子。　⑦诵：诵读经书。　⑧捐：弃。　⑨尝：曾。　⑩罢：罢休，停止。　⑪间：秘密，暗中。　⑫轫(rèn)车：停车。轫：垫在车轮下不使车轮转动的木头。　⑬反：同"返"，返回。　⑭西面而望：向西而望秦，此指仰望秦王。　⑮一介之使：当指"一芥之使"，一个普普通通的使臣。芥：微小的东西。　⑯存：慰问。　⑰然：对。　⑱奇：以……为奇，认为……奇特。

【今译】

　　王子异人回到楚国，吕不韦让他穿着楚人的衣服拜见华阳夫人。华阳夫人很喜欢他的状貌，赞赏他的见识，说："我是楚人啊。"于是认他为自己的儿子，替他改名叫做子楚。秦王让子楚诵经，子楚说："我从小流离在外，未曾有老师教授，不熟悉怎样诵读经书。"秦王这才作罢，而把他留在宫里。子楚私下里对秦王说："陛下曾在赵国停下车，赵国的豪杰知道您的名字的人有不少。如今大王早已回国，他们都向西仰望秦国。陛下没有派一名普普通通的使者去慰问他们，我唯恐他们有怨恨的心情，不如让边境早闭晚开。"秦王认为有道理，认为他的计谋与众不同。华阳夫人鼓动秦王立子楚为太子。秦王召相国下令说："寡人的儿子没有人比得上子楚。"于是立子楚为太子。

【原文】

　　子楚立，以①不韦为相，号曰文信侯，食②蓝田十二县。王后为华阳太后，诸侯皆致③秦邑④。

——选自《战国策·秦策五》

注解

①以：任命。　②食：食禄，俸禄。　③致：送。　④秦邑：当为"奉邑"，即养地，送来奉养太后的城邑。

【今译】

　　后来子楚即位，任命吕不韦为相国，封为文信侯，以蓝田十二县的收入为俸禄。王后成了华阳太后，诸侯都向她进献秦国县邑。

【释义】

此一则故事与前面李园送女弟与楚王同出一辙。

在史籍中，秦国一代奇相吕不韦大多是以一个"投机家"的形象出场的。司马迁笔下，吕不韦善于经营，"往来贩贱卖贵"，在邯郸见到落魄的秦国王孙异人，不禁感叹"此奇货可居也"，不惜将自己辛苦累积的千两黄金全部投资在异人身上。吕不韦见到在赵国做人质的秦王子异人后，回去与他父亲的一番对话颇有深意，比起种田耕地十倍之利、贩卖珠玉百倍之利，拥立国主不计其数的利益对他而言充满着诱惑，一问一答中，一个精明的政治投机商形象呼之欲出。

然而，政治投资不比普通的生意经营，需要多方筹备。首先，吕不韦首先得从他的"奇货"异人身上下手。他游说异人时，抓住两点：其一，"中子"身份，宗法社会，嫡长子即位制，使"中子"处于受忽视的尴尬境地，而异人不仅是"中子"，继承王位的希望微乎其微，而且母亲又不受宠，这就使他更不受重视；其二，"质子"心态，秦、赵两国一旦撕毁盟约、兵戎相见，那么作为人质的秦国王孙必然性命不保。因此，"无母于中，外托于不可知之国，一日倍约，身为粪土"，一语惊醒梦中人。

取得异人的信任后，吕不韦即可奔往秦国，游说秦王宠姬华阳夫人的弟弟阳泉君，威胁加利诱并点明化解危机的办法——另立太子并以之为子，母子互贵互赢。吕不韦的言辞极具说服力，阳泉君即刻进宫劝谏华阳夫人，而华阳夫人也很快派使者让赵国遣返人质。

说动了异人和阳泉君，接着，吕不韦对赵王陈说利害关系：一旦秦、赵交战，秦决不会顾惜一个质子，强留异人不过是留着一个毫无用处的"空质"；如果释放异人，送之归国，他日异人即位，一定会铭记恩情而与赵修永世之好，因此，释放异人百利而无一害，这样赵国即使不想放异人也不行了。

纵观不韦政治投资的诸多环节，皆布置精心，分析透辟，丝丝入扣，成功地将子楚推上了太子宝座的同时，也使自己从里巷商贾一跃成为大国丞相，为自己赢得了"势位富厚"，他的心智胆略，非一般商贾所能企及。

然而，机关算尽太聪明，纵使权倾国都，待秦始皇亲政后，吕仍不免被免职："忧惧而死"。专制王朝是一架绞肉机，剃人头者，终被人剃头。这便是历史的辩证法。

齐人有冯谖者

【原文】

齐人有冯谖①者，贫乏不能自存，使人属②孟尝君，愿寄食门下。孟尝君曰："客何好③？"曰："客无好也。"曰："客何能？"曰："客无能也。"孟尝君笑而受之曰："诺。"左右以君贱④之也，食⑤以草具⑥。

注解

①冯谖(xuān)：孟尝君的门客。　②属：同"嘱"，委托，请求。
③好：爱好。　④贱：轻视。　⑤食(sì)：拿东西给人吃。
⑥草具：粗劣的酒食。

【今译】

齐国有个叫冯谖的人，贫困得连自己都不能养活，托人把自己推荐给孟尝君，情愿寄居孟尝君门下讨一口饭吃。孟尝君说："客人有何爱好？"冯谖说："我没什么爱好。"孟尝君说："客人有什么能耐？"冯谖说："我没什么能耐。"孟尝君笑着同意接受他，说："好吧。"左右的人都认为孟尝君瞧不起他，给他吃粗劣的酒食。

【原文】

居①有顷②，倚柱弹其剑，歌曰："长铗③归来乎！食无鱼。"左右以告。孟尝君曰："食之，比门下之客。"居有顷，复弹其铗，歌曰："长铗归来乎！出无车④。"左右皆笑之，以告。孟尝君曰："为之驾⑤，比门下之车客⑥。"于是乘其车，揭⑦其剑，过⑧其友曰："孟尝君客⑨我。"后有顷，复弹其剑铗，歌曰："长铗归来乎！无以为家。"左右皆恶⑩之，以为贪而不知足。孟尝君问："冯公有亲乎？"对曰："有老母。"孟尝君使人给其食用，无使乏⑪。于是冯谖不复歌。

注解

①居：处，待。　②有顷：不久。　③铗：剑。　④车(jū)：车马。　⑤驾：套车。　⑥车客：上客，即"代舍"之客，出可乘马。　⑦揭：高举。　⑧过：摆放。　⑨客：把……当作上客。　⑩恶：讨厌。　⑪乏：缺。

【今译】

过了不久，冯谖靠在柱子上敲着自己的宝剑，唱道："长长的宝剑啊，咱们回去吧！吃饭没有鱼。"左右的人把这件事告诉孟尝君。孟尝君说："给他吃鱼，和中等门下客同等对待。"过了不久，冯谖又敲着他的剑，唱道："长长的宝剑啊，咱们回去吧！出门没有车。"左右的人都耻笑他，也把这件事告诉孟尝君。孟尝君说：

"为他准备车，和门下有车的客人一样对待。"于是冯谖乘着他的车，高举着他的宝剑，拜访他的朋友说："孟尝君把我当客人对待。"此后又过了不久，冯谖又敲着宝剑唱道："长长的宝剑啊，咱们回去吧！没有什么可以养家的。"左右的人都很厌恶他，认为他贪心不知足。孟尝君问道："冯先生有亲人吗？"他回答说："我有位老母亲。"孟尝君派人供给她衣食物用，不让她缺什么。于是冯谖不再唱歌。

【原文】

后孟尝君出记①，问门下诸客："谁习计会②，能为文收责③于薛者乎？"冯谖署④曰："能。"孟尝君怪⑤之，曰："此谁也？"左右曰："乃歌夫长铗归来者也。"孟尝君笑曰："客果有能也，吾负之，未尝见也。"请而见之，谢⑥曰："文倦⑦于事⑧，愦⑨于忧，而性懧⑩愚，沉⑪于国家之事，开罪⑫于先生。先生不羞⑬，乃有意欲为收责于薛乎？"冯谖曰："愿之。"于是约车治装⑭，载券契⑮而行，辞曰："责毕收，以何市⑯而反？"孟尝君曰："视吾家所寡⑰有者。"

注解

①记：即下文"计会"之簿书，亦即账簿。　　②计会：即"会计"。

③责：同"债"。　④署：签，写。　⑤怪：认为奇怪。
⑥谢：道歉。　⑦倦：疲，劳。　⑧事：身边之事。
⑨愦(kuì)：昏乱。　⑩恇(nuò)：同"懦"，懦弱，柔弱。　⑪沉：
陷进。　⑫开罪：得罪。　⑬羞：认为耻辱。　⑭约车治
装：准备车马，整理行装。　⑮券契：今之"契约"、"债券"。
古时分为两半，用竹木做成，各有齿，双方各执其一，齿合作为
凭证。故下文言"合券"。　⑯市：买　⑰寡：少。家，主人家。

【今译】

　　后来孟尝君拿出账簿，问门下的各个客人："谁熟悉会计，能
为我到薛地收债？"冯谖签名说："我能。"孟尝君认为很奇怪，问：
"这是谁？"左右的人说："就是那个唱'长铗归来'的人。"孟尝
君笑着说："这位门客果真有能力，我辜负他了，未曾接见他。"
于是请他来会见，向他道歉说："我被身边琐事扰得疲惫不堪，被
忧思闹得头脑昏乱，而我生性愚钝驽弱，身陷国家大事，得罪了
先生。先生不认为这羞耻，还有意想到薛地为我收债吗？"冯谖说：
"愿意。"于是预备车马整理行装，载着债券契约出发了，告辞说："债
务收完后，用钱买什么回来呢？"孟尝君说："看我主人家缺少什
么东西。"

【原文】

驱①而之②薛，使吏召诸民当偿者，悉③来合券。券遍合，起矫④命以责赐诸民，因烧其券，民称万岁。

注释

①驱：赶车。　②之：至。　③悉：全。　④矫：假托。

【今译】

冯谖赶着车到薛地，派小吏召集那些应当还债的百姓，老百姓都来核对债券。债券都核对完毕后，冯谖起身假托孟尝君的命令把债券赐给百姓，于是将这些债券全部烧了，百姓高呼万岁。

【原文】

长驱①到齐，晨而求见。孟尝君怪其疾也，衣冠②而见之，曰："责毕③收乎？来何疾也！"曰："收毕矣。""以何市而反？"冯谖曰："君云'视吾家所寡有者'。臣窃计，君宫中积珍宝，狗马实外厩，美人充下陈④。君家所寡有者以⑤义耳！窃以为君市义。"孟尝君曰："市义奈何？"曰："今君有区区⑥之薛，不拊⑦爱子⑧其民，因而⑨贾⑩利⑪之。臣窃⑫矫君命，以责赐诸民，因烧其券，民称万岁。乃臣所以为君市义也。"孟尝君不说⑬，曰："诺，先生休⑭矣！"

注解

①长驱：跃马扬鞭，一刻不停。　②衣冠：作动词用，穿好衣服，戴好帽子。　③毕：全，尽。　④下陈：一说指后宫。　⑤以：乃，是。　⑥区区：小。　⑦拊：同"抚"。　⑧子：用作动词，当作自己儿子一样看待。　⑨因而：却。　⑩贾：以商人的手段。　⑪利：获利，谋利。　⑫窃：私下里。　⑬说：同"悦"，高兴。　⑭休：停，算了。

【今译】

冯谖一路上跃马扬鞭、一刻不停回到齐国，清晨就去求见孟尝君。孟尝君对他回来得那么快感到很奇怪，穿好衣服戴好帽子接待他说："债都收完了吗？为什么回来得那么快！"冯谖说："都收完了。"孟尝君问："用债买了什么东西回来呢？"冯谖说："您告诉我'看我主人家缺了什么'。我私下计算，您的宫中积累着奇珍异宝，外面的畜棚里充满了好狗良马，后宫住满了美人。您家缺乏的东西是义罢了！（因此）我私下拿这些债券为您买义。"孟尝君说："为什么要买义呢？"冯谖说："如今您只有一个小小的薛地，却不抚爱百姓，把百姓当作儿子一样对待，却以商人的手段来谋取利益。我私自假托您的命令，把债券赐给百姓，于是把那

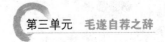

些债券烧了，老百姓都呼喊着万岁。这就是我用债款为您买来的义。"孟尝君听后不高兴了，说："好了，先生您别说了！"

【原文】

　　后期年，齐王①谓孟尝君曰："寡人不敢以先王②之臣为臣。"孟尝君就③国④于薛，未至百里，民扶老携幼，迎君道中。孟尝君顾⑤谓冯谖："先生所为文市义者，乃今日见之。"冯谖曰；"狡兔有三窟⑥，仅得⑦免其死耳。今君有一窟，未得高枕而卧⑧也。请为君复凿二窟。"孟尝君予车五十乘⑨，金五百斤，西游⑩于梁，谓惠王曰："齐放⑪其大臣孟尝君于诸侯，诸侯先迎之者，富而兵强。"于是，梁王虚上位⑫，以故相为上将军⑬，遣使者，黄金千斤，车百乘，往聘⑭孟尝君。冯谖先驱诚孟尝君曰："千金，重币⑮也；百乘，显使也。齐其⑯闻之矣。"梁使三反⑰，孟尝君固⑱辞不往也。

注解

①齐王：齐闵王。　②先王：已逝的国君，齐宣王。　③就：接近，靠近。　④国：列侯所食县邑被称为国。　⑤顾：回头看。　⑥窟：洞穴。　⑦仅得：才能。　⑧高枕而卧：古之成语，意为心安。　⑨乘：四马拉一车为一乘。　⑩游：行，往，去。

⑪放：放逐。　　⑫虚上位：让出相国之位以待孟尝君。虚：使……空。　　⑬上将军：地位同文官宰相。　　⑭聘：迎请。　　⑮币：泛指车马皮帛玉器等礼物。　　⑯其：大概，可能。　　⑰反：同"返"。三反：言三次往聘。　　⑱固：执意地，坚决地。

【今译】

过了一年，齐闵王对孟尝君说："寡人我不敢把先王的大臣作为大臣。"孟尝君只能回到自己的封地薛去了，还差一百里没到薛地的时候，百姓扶着老人带着孩子，在路上迎接孟尝君。孟尝君回头对冯谖说："先生为我买的义气，竟然在今天看到了。"冯谖说："狡兔有三个洞穴，仅仅才能免去一死罢了。如今您只有一个洞穴，还不能安安心心、高枕无忧。请让我为您再凿两个洞穴。"孟尝君给冯谖五十辆车、五百斤黄金，向西到大梁（魏国）游说，对梁惠王说："齐国把他的大臣孟尝君放逐到其他诸侯国去，哪个诸侯先迎到孟尝君，就能富国强兵。"于是，梁惠王空出相国的位置，将之前的相国任命为上将军，派使者带着一千斤黄金、一百辆兵车，前去迎请孟尝君。冯谖预先驱车告诉孟尝君说："一千斤黄金是贵重的礼物；一百辆兵车，是显耀的使者。齐国应该听说此事了吧。"魏国的使者三次往返迎请孟尝君，孟尝君坚决地推辞不前往大梁。

【原文】

齐王闻之，君臣恐惧，遣太傅赍①黄金千斤，文车②二驷③，服剑④一，封书⑤谢⑥孟尝君曰："寡人不祥⑦，被⑧于宗庙之祟⑨，沉⑩于谄谀之臣，开罪⑪于君，寡人不足为⑫也。愿君顾⑬先王之宗庙，姑⑭反⑮国统万人乎？"冯谖诚孟尝君曰："愿请先王之祭器⑯，立宗庙于薛。"庙成，还报孟尝君曰："三窟已就⑰，君姑⑱高枕为乐矣。"

注解

① 赍(jī)：赠送。　② 文车：装饰有文采的高级车辆。
③ 驷：一驷为一乘。　④ 服剑：佩剑。服，佩。　⑤封书：封好的信。　⑥谢：道歉。　⑦祥：善，好。　⑧被：遭受。
⑨崇：灾祸，神祸。　⑩沉：沉溺，醉心。　⑪开罪：得罪。
⑫不足为：不值得帮助。　⑬顾：顾念。　⑭姑：暂且。
⑮反：同"返"，返回。　⑯祭器：祭祀用的礼器。　⑰就：完成。
⑱姑：且，就。

【今译】

齐闵王听说这件事以后，朝廷上下都很恐慌，派太傅送来一千斤黄金，两辆彩车，一柄佩剑，一封书信，向孟尝君致歉说："寡人不善，遭受祖宗降下的灾祸，沉溺于阿谀之臣，得罪了您，寡人我不值得您帮助。希望您顾念先王的宗庙，姑且回国统率万民吧？"冯谖告诉孟尝君说："希望您去请求先王的祭器，在薛地立宗庙。"宗庙建成以后，冯谖回来汇报孟尝君说："三个洞穴都已建造完毕，您就可以垫高枕头安享快乐了。"

【原文】

孟尝君为相数十年，无纤介①之祸者，冯谖之计也。

——选自《战国策·齐策四》

注解

①纤介：微小。介：同"芥"，草芥。

【今译】

孟尝君任相国几十年，没有遭受丝毫的灾祸，都是仗着冯谖的计谋啊！

【释义】

战国时期，"养士"之风盛行。贾谊《过秦论》有言："当此之时，齐有孟尝，赵有平原，楚有春申，魏有信陵。此四君者，皆明智而忠信，宽厚而爱人，尊贤而重士。"战国四君子，散尽千金，礼贤下士，传为一时佳话。然而，养士到一定程度，"食客三千"，其中不乏鱼龙混珠、鸡鸣狗盗之士，因此本章中，孟尝君起初对"贫乏无以自存的冯谖"并没有放在心上，很可能是以一种居高临下的施舍心态接纳他的。

　　然而，故事的发展极具戏剧性，先是冯谖不满待遇，三歌"长铗归来"，使自己的待遇从三等门客上升为一等门客。其实，从某种意义上来说，冯谖这么做是在试探孟尝君的"养士"，如果孟尝君因为他的要求而将他赶走，那么自己不值得为他效劳；所幸，孟尝君仍显宽容大度，一一满足了冯谖的要求。冯谖所以敢无功求禄，也是仗着自己的才能，他自料能凭自己的谋略对孟尝君的礼遇有所报答。

　　本章的亮点无疑在冯谖为孟尝君营建"三窟"的过程之中。首先，矫命烧券，让孟尝君损失了一大笔钱，却为他赢得了"义气"的美名，以致孟尝君被罢免丞相。当他满怀失意返回封地时，薛地的百姓携老扶幼、夹道迎接，此情此景让他终于明白冯谖"烧券市义"其次，冯谖说梁惠王，使之虚相位、出重币迎请孟尝君，也致使齐国上下君臣恐惧，齐王不得不再次启用孟尝君。第三，他提醒孟尝君请求先王祭祀用的礼器，在薛邑建立宗庙，先王宗庙立于薛，就意味着齐王当派军保护宗庙，亦即保护薛邑。故事中，孟尝君因为善待冯谖而受到了意外的回报。但冯谖若不是借歌"长铗归来"的机会试探孟尝君，让他记住了自己，又因收债一事主动请缨，恐怕他是很难从孟尝君的三千门客中脱颖而出的。然而从国家大义而言，孟尝君不过是打的小算盘而已。所以王安石小觑他也不为过。

张 仪 之 楚

【原文】

张仪①之②楚，贫。舍人怒而欲归。张仪曰："子必以衣冠之敝③，故欲归。子待我为子见楚王④。"当是之时，南后⑤、郑袖⑥贵于楚。

注 解

①张仪：魏人，相传与苏秦同师鬼谷子，相秦惠王，以连横政策游说六国，使苏秦的合纵政策瓦解。秦惠王卒，六国复合纵，张仪相魏，卒于魏。　②之：至，到。　③敝：破。　④楚王：楚怀王。　⑤南后：楚怀王后。　⑥郑袖：楚怀王宠夫人。

【今译】

张仪来到楚国，处境很贫困，他的随从很不高兴，想要回去。

张仪说："你一定是因为衣冠破烂，所以才要回去吧。你等着吧，让我替你去拜见楚王。"在这时，南后、郑袖在楚国地位显贵。

【原文】

张子见楚王，楚王不说①。张子曰："王无所用臣，臣请北见晋君②。"楚王曰："诺。"张子曰："王无求于晋国乎？"王曰："黄金、珠③、玑④、犀⑤、象⑥出于楚，寡人无求于晋国。"张子曰："王徒⑦不好色耳？"王曰："何也？"张子曰："彼郑、周之女，粉白墨黑⑧，立于衢闾⑨，非知而见之者，以为神。"楚王曰："楚，僻陋之国也，未尝见中国⑩之女如此其美也。寡人之独何为不好色也？"乃资⑪之以珠玉。

注解

①说：同"悦"，高兴。　②晋君：当指韩王。　③珠：珍珠。
④玑：不圆的珠子。　⑤犀：犀牛皮，通常用作战衣。　⑥象：象牙，用为装饰。　⑦徒：独独，仅仅。　⑧墨黑：当为黛黑，指眉发黝黑。　⑨衢闾：大街上的胡同口。　⑩中国：中原地带的诸侯国。　⑪资：给，赠予。

【今译】

张仪前去拜见楚王，楚王不高兴。张仪说："大王没有什么用到我的地方，请允许我到北方去见韩王。"楚王说："好吧！"张仪说："大王对韩国没有什么要求吗？"楚王说："黄金、珍珠、玑珠、犀革、象牙都出自楚国，我对韩国没有什么要求。"张仪说："大王难道唯独不喜欢女色吗？"楚王说："你说的是什么？"张仪说："郑和周那边的女子，打扮得十分漂亮，站在大街巷口，如果不知道，初次见到她们的还以为是仙女下凡。"楚王说："楚国是一个偏僻的国家，未曾见过中原的女子这样美丽的，我怎么就偏偏不喜欢美色呢？"于是资助给张仪珍珠、玉器。

【原文】

南后、郑袖闻之大恐。令人谓张子曰："妾闻将军之晋国，偶有金千斤，进①之左右，以供刍秣②。"郑袖亦以③金五百斤。

注解

①进：献给。　②供刍秣：给牲口买草料的钱。　③以：予，给予。

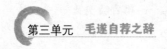

【今译】

南后、郑袖知道这件事后，大为震恐，（南后）就派人对张仪说："我听说将军要到韩国去，这里恰好有黄金一千斤，来给您作为养马买草料的钱。"郑袖也给了张仪黄金五百斤。

【原文】

张子辞楚王曰："天下关闭不通，未知见日也，愿王赐之觞①。"王曰："诺。"乃觞之。张子中饮，再拜②而请③曰："非有他人于此也，愿王召所便习④而觞之。"王曰："诺。"乃召南后、郑袖而觞之。张子再拜而请曰："仪有死罪于大王。"王曰："何也？"曰："仪行天下遍矣，未尝见人如此其美也。而仪言得美人，是欺王也。"王曰："子释之⑤。吾固以为天下莫若是⑥两人也。"

———选自《战国策·楚策三》

①觞(shāng)：酒器，此指饮酒。　②再拜：拜两拜。　③请：有"请罪"、"告罪"之义。　④便习：亲近的人。　⑤释之：不必挂怀，不必放在心上。　⑥是：这。

【今译】

张仪辞别楚王时，说："诸侯相互阻隔，道路不通，不知何时再能见到大王，希望大王赐予我饮器（能与大王饮酒作别）。"楚王说："好。"于是设宴与张仪对饮。酒至半酣，张仪拜两拜，请求说："这里没有外人，希望大王邀集左右亲近的宠臣、宠妃一块畅饮。"楚王说："好。"于是找来南后和郑袖，一起饮酒。张仪又两拜请罪，说："我对大王犯有死罪。"楚王说："这是为什么？"张仪说："我走遍天下，从来没有见过像南后、郑袖这样的美人，我却说要为您找美人，这简直是欺骗大王啊！"楚王说："您就不必挂心了。我本来就认为天下没有谁比得上她们两人。"

【释义】

张仪至楚国多时，却不受楚王的待见，周围的人都欲弃他而去。其实，机智的他早就洞悉了楚怀王的软肋，因此抛下"王徒不好色耳"作为诱饵，以此打动楚王，并许诺为楚怀王到韩国一带寻找神仙般的女子，这样一来楚怀王的两位宠妃南后、郑袖自然坐不住了，相继以黄金千斤、五百斤贿赂张仪，而张仪得了他们的好处后，又设计与楚王及南后、郑袖一同饮酒，最后以"实在没有见到过像南后、郑袖般的美人"的话，既满足了楚王的虚荣心、打消了他想寻美的念头，又实现了南后、郑袖所要求的结果，而且还白白获得了楚王、南后、郑袖等人的赏赐，张仪凭借着简简单单几句话，周旋于楚王、南后、郑袖之间，不费吹灰之力，迅速改变了自己一贫如洗的处境，足见他的机智聪慧。然这样的聪慧总是为一己之私利而已。

唐且见春申君

【原文】

唐且①见春申君②曰："齐人饰③身修行得为益④，然臣羞而不学也。不避绝⑤江河，行千余里来，窃慕大君之义，而善君之业。臣闻之，贲⑥、诸⑦怀⑧锥、刃⑨而天下为⑩勇，西施⑪衣褐⑫而天下称美。今君相万乘之楚，御⑬中国⑭之难⑮，所欲者不成，所求者不得，臣等少⑯也。夫枭棋⑰之所以能为者，以散棋佐⑱之也。夫一枭之不如不胜五散亦明矣⑲。今君何不为天下枭，而令臣等为散乎？"

——选自《战国策·楚策三》

注解

①唐且：一作唐雎（jū），人名。　②春申君：楚人，姓黄名歇，事楚顷襄王，为太子太傅，辅太子立，为考烈王，以黄歇为相国，封春申君。　③饰：修，修饰，装扮。　④益：好处，此指爵禄。⑤绝：横渡。　⑥贲：孟贲，古代勇士。　⑦诸：专诸，吴国勇士，助公子光刺吴王僚。　⑧怀：藏。　⑨锥、刃：尖刺、匕首之类的小武器。　⑩为：通"谓"。　⑪西施：古代美女。　⑫褐：粗布。　⑬御：抵抗。　⑭中国：中原诸侯。　⑮难：敌人，仇敌。　⑯少：缺少，缺乏。　⑰枭棋：古代棋戏有"六博"，有棋盘，共十二道。棋子十二，六百、六黑，分排在两端。六子中一子叫枭，五子叫散，以枭为贵，以散辅佐之。玩时，两人对弈，二人投骰行棋，双方进逼，杀枭者取胜。如同今天的象棋，帅为贵，卒为散，杀帅者取胜。　⑱佐：辅佐。⑲"夫一枭"句：单独一个枭棋，不能战胜五个散棋，这是很明显的。

【今译】

唐且拜见春申君后说："齐人装扮自己修炼言行是为了获得金钱地位，然而我以此为羞，不去学他们。现在我不逃避涉江渡河的风险，步行千余里来到这里，（是因为）从内心深处仰慕您的大义，并且想帮助您管好事业。我听说，孟贲、专诸在怀里藏着尖刺、匕首之类的小武器却被天下人称为勇士，西施穿着粗布衣服也被天下人称为美女。如今您做万乘楚国的丞相，抵御中原各诸侯国的敌人，想要干的事不能成功，追求的目标又得不到，原因就在于像我这样能帮助您的大臣太少了。枭棋能够吃掉对方棋子的原因，是因为有散棋辅佐它。单独一个枭棋，不能战胜五个散棋，这是很明显的。如今您为什么不做天下的枭棋，而让我们做您的那五个散棋呢？"

【释义】

唐且是战国时期著名的义侠，我们可在《秦王使人谓安陵君》一章中领略他的风采，"唐且不辱使命"成为历代传诵以弱抗强的典范，其壮举可媲美"睨柱吞嬴"的蔺相如。虽然也有人认为：根据秦法他不可能带剑上宫廷，故事出于后人虚构，但其风采却赢得历代寒士钦慕。身为策士，他的自荐本领也非同一般，本章所录，为唐且向春申君的自荐言辞，在这段话中，他作了一个颇有意味的比喻，他将春申君比作"枭棋"，将自己比作"散棋"，春申君抵御中原诸侯恰如对弈，要想先发制人，立于不败之地，单靠"枭棋"的一己之力是远远不够的，还需要"散棋"助其一臂之力。

从本章里我们再一次领略策士们的游说本领：依靠比喻，并让对方能设身处地思考问题。说服对方一定要让对方觉得你是在为对方着想，这也是谈判艺术。

汗明见春申君

【原文】

汗明见春申君①，候问②三月，而后得见。谈卒③，春申君大说④之。汗明欲复谈，春申君曰："仆⑤已知先生，先生大息⑥矣。"汗明愁⑦焉⑧曰："明愿有问君而恐固⑨。不审⑩君之圣，孰与⑪尧也？"春申君曰："先生过⑫矣，臣何足以当⑬尧？"汗明曰："然则⑭君料⑮臣孰与舜？"春申君曰："先生即舜也。"汗明曰："不然⑯，臣请为君终言之。君之贤实⑰不如尧，臣之能不及舜。夫以贤舜事圣尧，三年而后乃相知也。今君一时而知臣，是君圣于尧而臣贤于舜也。"春申君曰："善。"召⑱门吏为汗先生著⑲客籍⑳，五日一见。

注解

①春申君：楚人，姓黄，名歇，事楚顷襄王，为太子傅，辅太子立，是为考烈王，封春申君，赐淮北地十二县，后封于江东。
②候问：当作"候间"，等候、等待。　③卒：完，完毕。
④说：同"悦"，高兴。　⑤仆：古代男子自我谦称。　⑥大息：王念孙认为此处"大"为衍文，此句当为"先生息矣"。息：停止。
⑦愁(cù)：忧虑，不安。　⑧焉：……的样子，形容词词尾。
⑨固：固执不通，固陋，浅陋。　⑩审：知到。　⑪孰与：和……

夫以贤舜事圣尧，三年而后乃相知也。今君一时而知臣，是君圣于尧而臣贤于舜也。

比起来谁更……。　⑫过：错。　　⑬当：比得上，配得上。
⑭然则：既然这样那么。　⑮料：估计。　　⑯然：对，正确。
⑰实：确实。　　⑱召：通知。　　⑲著：登记。　⑳客籍：
宾客的门籍。

【今译】

　　汗明拜见春申君，等了三个月才得到接见。谈完以后，春申君对他非常满意。汗明想要再谈，春申君说："我已经了解先生了，先生停下吧。"汗明不安地说："汗明希望问您一句话，又唯恐自己见识浅陋。不知道您与尧相比谁更圣明？"春申君说："先生您错了，我怎么能够比得上尧？"汗明说："既然这样那么您估计我和舜比起来谁更贤能？"春申君说："先生就像舜的化身。"汗明说："不对，请让我为您把话说完。您的贤能确实不如尧，我的才能更赶不上舜。但让有才能的舜侍奉圣明的尧，三年以后才相互了解。今天您在很短的时间内就了解我了，这就证明您比尧圣明我比舜贤能。"春申君说："谈得好。"通知门吏替汗先生登记宾客的门籍，每五天接见他一次。

【原文】

汗明曰："君亦闻骥①乎？夫骥之齿至②矣，服③盐车而上太行。蹄申④膝折⑤，尾湛⑥胕⑦溃⑧，漉⑨汁洒地，白汗交流⑩，中阪⑪迁延⑫，负辕⑬不能上。伯乐遭⑭之，下车攀而哭之，解紵衣⑮以幂⑯之。骥于是俛⑰而喷，仰而鸣，声达于天，若出金石声者，何也？彼见伯乐之知己也。今仆之不肖⑱，阨⑲于州部⑳，堀穴㉑穷巷，沈洿㉒鄙俗㉓之日久矣，君独㉔无意湔㉕拔㉖仆也，使得为君高鸣屈于梁乎？"

——选自《战国策·楚策四》

主解

①骥：千里马。　②齿至：到可以役使（驾车）的年龄。齿：年龄。③服：驾驭。　④申：同"伸"，伸直。　⑤折：弯曲。⑥湛(chén)：同"沉"，下垂。　⑦胕(fū)：脚趾。　⑧溃：溃烂。⑨漉(lù)：渗流。漉汁：汗水。　⑩白汗：高注《淮南子》曰："白汗咸如盐，故曰盐汗水。"　⑪中阪：半坡。　⑫迁延：不进。　⑬辕：车前驾牲口的直木。　⑭遭：遇到。⑮紵衣：麻布衣。　⑯幂：罩，覆盖。　⑰俛：同"俯"。⑱不肖：不才，没出息。　⑲阨：困。　⑳州部：基层的行政机构。　㉑堀穴：洞穴。　㉒沈洿：埋没。沈：同"沉"，没。洿：同"污"，低洼的地方,此言地位低下。　㉓鄙俗：庸俗低下。㉔独：难道。　㉕湔(jiān)：洗涤。　㉖拔(fú)：祓,去掉厄运。

【今译】

汪明说:"您也听说过千里马的事吗?千里马长到可以驾车的年龄时,让他驾盐车上太行山。四蹄伸直两膝弯曲,尾巴低垂脚趾溃烂,盐汁和汗水交相流下、洒了一地,走到半山腰就辗转不前,驾着车辕拉不上去。伯乐遇到了它,走下车拉着它为它哭泣,并解下自己的麻衣,覆盖在它身上。千里马这时低头喘气,仰头嘶鸣,鸣声冲上云天,好像是金属、石头撞击发出的声音,为什么呢?它看见伯乐是理解自己的。如今我虽不才,困在地方,住在偏僻的小巷里,埋没在鄙风漏俗中已经很久了,您难道无意为我洗涤拂拭,让我能够对您高声长鸣在山梁上受的委屈吗?"

【释义】

门客与主人相互利用这是先秦常见现象,这与后人所谓"学成文武艺,货与帝王家",实际是同一类行径。但是有才之人亦须遇识才之人,否则虽有名马也"只辱于奴隶人之手",不得伸展其才华。

本章收录了两段汪明见春申君的游说之词,第一段说词,汪明巧妙地借尧、舜之比提醒春申君要识才、惜才;在第二段说词中,他更是自比驾盐车的千里马,暗示了自己的才华不被赏识而白白浪费,希望春申君能成为他的伯乐。

唐人韩愈说:"世有伯乐然后有千里马。"千里马只有在遇到伯乐后，方能施展才能，同理，人才只有在有权势者识拔后，才能施展抱负。汪明其人是否真是人才，我们不得而知，但是他使用的"骥服盐车"这个典故却长期流传，一直为后人引用。

本章告诉我们：自己有才还需要善于推销自己的才华。现代社会是个开放社会，机会很多，经常面试考试者，需要善于自荐，且要懂得推销的艺术。我们不妨从这些人的谈话艺术中学习。

苏秦将为从北说燕文侯

【原文】

苏秦①将为从②，北说燕文侯曰："燕东有朝鲜、辽东③，北有林胡④、楼烦⑤，西有云中⑥、九原⑦，南有呼沱⑧、易水。地方⑨二千余里，带甲⑩数十万，车七百乘⑪，骑⑫六千匹，粟支⑬十年。南有碣石⑭、雁门⑮之饶⑯，北有枣粟之利，民虽不由⑰田作，枣粟之实足食与民矣。此所谓天府⑱也。夫安乐无事，不见覆⑲军杀将之忧，无过燕矣。大王知其所以⑳然㉑乎？夫燕之所以不犯寇被兵㉒者，以㉓赵之为蔽㉔于南也。秦、赵五战，秦再胜㉕而赵三胜。秦、赵相弊㉖，而王以全燕制㉗其后，此燕之所以不犯难㉘也。且夫秦之攻燕也，逾㉙云中、九原，过代㉚、上谷㉛，弥塞踵道数千里㉜，虽㉝得燕城，秦计㉞固不能守也。秦之不能害燕亦明矣。今赵之攻燕也，发兴号令，不至十日，而数十万之众，军㉟于东垣㊱矣。度呼沱，涉易水，不至四五日距㊲国都矣。故曰，秦之攻燕也，战于千里之外，赵之攻燕也，战于百里之内。夫不忧百里之患而重千里之外，计无过㊳于此者。是故愿大王与赵从亲，天下为一，则国必无患矣。"

注解

①苏秦：洛阳人，与张仪同从鬼谷子学纵横术，起初以连横游说秦惠王，不被用，后说燕、赵，联合六国为同盟抗秦，同时执掌齐、楚、燕、赵、魏、韩六国相印，为纵约长。后六国同盟被瓦解，齐、魏共伐赵，赵王责苏秦，又为赵联合燕。后又为燕过作间谍到齐国，以取得齐王的信任。最后在齐国被暗杀。　②为从：组织合纵同盟。从，同："纵"。　③辽东：今辽宁省辽河以东。④林胡：今内蒙古自治区呼和浩特市附近。　⑤楼烦：古代北方部族的名称。　⑥云中：今内蒙古自治区呼和浩特市与托克托之间。　⑦九原：今内蒙古自治区包头市西北。　⑧呼沱：水名，在今河北省境内。　⑨地方：土地方圆。　⑩带甲：战士。⑪乘：一车四马为一乘。　⑫骑：一人一马为一骑。　⑬粟支：粮食支持。粟：粮食。支：持，支持。　⑭碣石：山名，在今河北省昌黎县西北。　⑮雁门：山名，今山西省代县西北。

⑯饶：富足。　⑰由：凭借，通过。　⑱天府：天然的府库，比喻物产富饶。　⑲覆：覆灭。　⑳所以：……的原因。㉑然：这样。　㉒犯寇被兵：遭受敌兵的进攻。"犯寇"与"被兵"义同。　㉓以：因为。　㉔蔽：屏障。　㉕再胜：两胜。㉖弊：败，破坏，衰弱。　㉗制：控制，制服。　㉘犯难：遭受敌兵。与"犯寇被兵"义同。　㉙逾：越过。　㉚代：今河北省蔚县一带及山西省东北部。　㉛上谷：包括今河北省西部及中部。　㉜弥垫踵道数千里：要行走数千里遥远的路程。垫：古"地"字。　㉝虽：即使。　㉞计：料想。　㉟军：驻扎，驻军。　㊱东垣：今河北省正定县东南。　㊲距：至，抵达。　㊳过：错。

【今译】

苏秦将组织合纵同盟前往北方游说燕文侯说："燕国东有朝鲜和辽东，北有林胡和楼烦，西有云中和九原，南有呼沱河和易水。国土方圆二千多里。军队有几十万，战车有七百多辆，战马有六千匹，粮食支持够十年使用。南边有碣石和雁门的丰饶物产，北边有枣子和粟子的收成获利，老百姓即使不从事耕作，仅靠枣栗也够吃的了。这就是所说的天府之国。百姓安居乐业，没有战争，看不到军队覆灭、将领被杀这样让人忧心的事，这样（和平境况）没有谁比燕国更好的了。大王您知道为什么会这样吗？燕国不遭受战争的原因，是因为有赵国在南面作屏障。秦国和赵国总共发生了五次战争,秦获两胜而赵获三胜。秦、赵互相削弱使对方疲敝,而大王却得以保全燕国,控制住这个大后方,这就是燕国不受侵犯的缘故啊。况且秦国攻打燕国,要越过云中和九原,经过代郡和上谷,长途跋涉几千里,即便他们能够攻下燕国的城池,秦国知道根本没有办法守住它。秦国不能侵犯燕国的原因是很明显的。如果赵国攻打燕国,只要一声令下,不出十天,几十万大军就会进驻东垣一带。继而渡过呼沱河和易水,不到四五天就可以到达燕国的都城了。因此说秦攻打燕,须在千里之外开战;而赵攻打燕,得在百里之内作战。不担心百里之内的祸患而看重千里以外的战事,策略上的失误没有比这更严重的了。所以希望大王您和赵国行合纵之策,天下诸侯联合成一体,那么燕国就一定没有忧患了。”

【原文】

燕王曰:“寡人国小,西迫①强秦,南近齐、赵。齐、赵,强国也,今主君幸教诏之②,合从以安③燕,敬以国从。”于是赍④苏秦车马金帛以至赵。

——选自《战国策·燕策一》

注 解

①迫：迫近。　②今主君幸教诏之：今承蒙您教导我。　③安：使……安定。　④赍(jī)：赠，送。

【今译】

燕文侯说："我的国家弱小，西面迫近强大的秦国，南面靠近齐国、赵国。齐国、赵国都是强国，现在承蒙您的指教，行合纵之策以使燕国安宁，我愿意献出我的国家来听从您的安排。"于是供给苏秦车马以及金银和布帛，让他到赵国行合纵之策。

【释义】

我们从《苏秦始将连横》一章中可知，苏秦起初欲行连横之策，秦王不采纳，故而改行合纵之策，其观点颇受赵王赏识，苏秦才得以摆脱窘境施展才华。然而，据《史记》记载，苏秦在苦读后重新出游的第一站，却是赵国，但当时赵肃侯的弟弟奉阳君，也就是赵国的实际掌权者似乎并不欣赏苏秦，苏秦是在游说燕王之后，受燕王资助，再一次前往赵国游说，而当时恰好奉阳君去世，苏秦成功地说服赵肃侯结成燕、赵同盟，自此苏秦才得以一步步走向权力的巅峰。《苏秦将为从北说燕文侯》一章恰巧记录了苏秦说燕王的言辞，本章中，苏秦从燕国的实际出发为燕文侯切实地分析了燕、赵、秦三国的关系，让燕王茅塞顿开，自愿拿出钱财，派他前往赵国行合纵之策，这在苏秦命运多舛、道路坎坷的策士生涯中无疑是一个转折，而合纵之策的实行，抑制了秦国扩张的态势，在一定意义上改变了当时的国际局势，延缓了秦国吞并六国的进程。

当然，从历史发展而言，统一是符合历史潮流的好事，不管秦国出于何种目的，也不管策士以"合纵"之计拖迟统一的时间，历史潮流滔滔向前，顺之者昌逆之者亡。古今一律，鲜有例外。

义侠慷慨之辞

　　与"游士"一样，"义侠"也是战国时代的一大特色。"义侠"们秉着"士为知己者死，女为悦己者容"的宗旨，而"游士"们则朝秦暮楚，为爵禄名利奔走。然而仔细想来，他们又有着诸多共同之处，他们大多出身卑微却不甘平凡，都是为着自己的理想而奔忙，干下一番惊天动地的事业，而为后世所铭记。因此，"义侠"与"策士"一同构成了战国时代的独特风景，也为后世文学创作留下了取之不尽的素材。

　　然而，两者在价值观上终究还是存在着巨大的差异。相比"游士"，义侠更重人的精神价值、名誉气节。"豹死留皮，人死留名"，为道义、为美名甘愿付出自己的生命。在这种价值观的引领下，战国的"义侠"们上演了多少荡气回肠的故事，一个个栩栩如生的人物长久地影响了中国人的生活，而本单元所选取的正是此类故事。

晋毕阳之孙豫让

【原文】

晋毕阳①之孙豫让，始事范、中行氏②而不说③，去而就④知伯⑤，知伯宠之。及三晋分知氏，赵襄子最怨⑥知伯，而将⑦其头以为饮器⑧。豫让遁⑨逃山中，曰："嗟乎！士为知己⑩者死，女为悦⑪己者容⑫。吾其报知氏之雠⑬矣。"

注解

①毕阳：春秋时，晋国的义士。　②范、中行氏：范氏：范昭子吉射；中行氏：中行文子荀寅。　③说：同"悦"，高兴。④就：归附。　⑤知伯：又作"智伯"，晋大夫荀林父的弟弟

苟首（即智庄子），因食采邑于智，故别为智氏。　⑥怨：恨。
⑦将：持，拿。　⑧饮器：饮酒之器。　⑨遁：逃。　⑩知己：
彼此相知，情深谊切。　⑪悦：喜爱。　⑫容：打扮。　⑬雠：
同"仇"。

【今译】

最初，晋国侠客毕阳的孙子豫让侍奉范氏、中行氏而郁郁寡
欢（不受重用），于是他就投靠知伯，知伯非常宠信他。后来韩、赵、
魏三国瓜分了知伯的土地。其中赵襄子最痛恨知伯，把知伯的头
盖骨拿来作盛酒的饮器。豫让逃到山里说："唉！志士为了解自己
的人而牺牲，女子为喜欢自己的人而打扮，所以我应该要替知伯
复仇。"

【原文】

乃变姓名，为①刑人②，入宫涂③厕，欲以刺襄子。襄子如④厕
心动⑤，执⑥问涂者，则⑦豫让也。刃⑧其捍⑨，曰："欲为知伯报雠！"
左右欲杀之。赵襄子曰："彼义士⑩也，吾谨避⑪之耳。且知伯已死，
无后，而其臣至为报雠，此天下之贤人也。"卒⑫释⑬之。

注解

①为：装作。　②刑人：判刑做苦工的人。　③涂：堵塞孔穴。
这里指休整。　④如：往，到。　⑤心动：心惊。　⑥执：捉，
拿下。　⑦则：是。　⑧刃：装利刃。　⑨捍：当作"圬"，
即泥瓦工用的抹子。　⑩义士：忠勇、守节、侠义之士。
⑪避：避开、躲避。　⑫卒：终于，最后。　⑬释：释放。

【今译】

于是豫让就隐姓埋名装成判刑做苦工的人，潜入王宫里休整
厕所，以便趁机杀死（知伯的仇人）赵襄子。赵襄子上厕所觉得
心惊，就下令把休整厕所的人拿下审问，才知道他是豫让。这时
豫让将利刃装在木抹子上说："我要为知伯报仇！"左右卫士想要
杀他，可是赵襄子却说："他是一位义士，我只要小心躲开他就行了。
况且知伯已经死了，他死后没留下子孙，他的臣子中有肯来为他
报仇的，这是天下有气节的贤人。"于是赵襄子就把豫让释放了。

【原文】

豫让又漆身为厉①，灭②须去眉，自刑③以变其容④，为乞人而
往乞，其妻不识，曰："状貌不似吾夫，其音何类⑤吾夫之甚也。"

又吞炭为哑，变其音。其友谓之曰："子之道甚难而无功，谓子有志则然⑥矣，谓子智则否。以子之才，而善事襄子，襄子必近⑦幸⑧子；子之得近而行⑨所欲，此甚易而功必成。"豫让乃笑而应之曰："是为先知报后知，为故君贼⑩新君，大乱君臣之义者无（过）此矣。凡⑪吾所谓为此者，以明君臣之义，非从易也。且夫委质⑫而事人，而求弑⑬之，是怀二心以事君也。吾所为难，亦将以愧⑭天下后世人臣怀二心者。"

注解

①漆身为厉：用漆涂身，使生癞疮。厉，同"癞"。　②灭：使……消失，此指拔去。　③刑：毁伤。　④容：面貌，容貌。
⑤类：似。　⑥然：正确。　⑦近：亲近。　⑧幸：宠幸。
⑨行：为，做。　⑩贼：害，杀害。　⑪凡：概括，总结。
⑫委质：归附，臣服。　⑬弑：古代臣杀君，子杀父。　⑭愧：使……惭愧，让……感到羞愧。

【今译】

　　豫让又全身涂漆设法使自己生癞疮，同时还拔去胡须和眉毛，毁伤自己，改变容貌，然后假扮乞丐出去乞讨，连他的妻子都不认识他，只是说："这个人相貌并不像我的丈夫，可是声音却怎么和他这么像呢？"于是豫让就吞下炭，为的是改变自己的声音。他的朋友对他说："你这样做太难了，又不可能成功，如果说你是一个有志之士还可以，如果说你是一个明智之士就错了。因为凭你这种才干，如果竭尽忠诚去侍奉赵襄子，那他必然亲近你、信赖你，等你得以接近他以后，你再实行你的复仇计划，那样就很容易而且一定能成功的。"豫让于是笑笑回答他说："你的意思是为了老朋友而去打击新朋友，为旧主而去杀新主，（没有比这更）败坏君臣大义的了。概括我这样做的原因，就是为了阐明君臣大义，并不在于要容易顺利地完成复仇计划。况且我已经归附他并为他效劳，却又在暗中阴谋计划刺杀人家，这就等于是侍奉君主而怀有二心。我今天之所以迎难而上，也就是为了让天下后世怀有二心的人臣感到愧疚啊。"

【原文】

居顷之①，襄子当②出，豫让伏所当过桥下。襄子至桥而马惊，襄子曰："此必豫让也。"使人问之，果豫让。于是赵襄子面③数④豫让曰："子不尝事范、中行氏乎？知伯灭范、中行氏，而子不为报雠，反委质事知伯。知伯已死，子独何为报雠之深也？"豫让曰："臣事范、中行氏，范、中行氏以众人遇臣，臣故众人报之；知伯以国士⑤遇臣，臣故国士报之。"襄子乃喟然⑥叹泣曰："嗟乎，豫子⑦！豫子之为知伯，名既成矣，寡人舍⑧子，亦以足矣。子自为计⑨，寡人不舍子。"使兵环⑩之。豫让曰："臣闻明主不掩⑪人之义，忠臣不爱死以成名。君前已宽舍臣，天下莫不称君之贤。今日之事，臣故⑫伏诛⑬，然愿请君之衣而击之，虽死不恨。非所望⑭也，敢布⑮腹心⑯。"于是襄子义⑰之，乃使使者持衣与豫让。豫让拔剑三跃，呼天击之曰："而⑱可以报知伯矣。"遂伏剑⑲而死。

死之日，赵国之士闻之，皆为涕⑳泣。

——选自《战国策·赵策一》

注 解

①居顷之：过了不久。　②当：将。　③面：当面。　④数：数落，责备。　⑤国士：一国中最优秀的人才。　⑥喟然：感慨叹气的样子。　⑦豫子：对豫让的尊称。　⑧舍：赦免，释放。　⑨计：考虑。　⑩环：围，绕。　⑪掩：掩盖，埋没。　⑫故：同"固"，原本，一定。　⑬伏诛：认罪就戮。承认罪行，甘愿受死刑。　⑭望：愿望。　⑮布：披露。　⑯腹心：内心意愿。　⑰义：以……为义，认为……讲义气。　⑱而：同"尔"，你。　⑲伏剑：持剑自刎。　⑳涕：流泪。

【今译】

不久，赵襄子将要外出巡视，豫让埋伏在赵襄子所必经的桥下。赵襄子骑马走在桥上，马忽然惊跳起来，赵襄子说："这一定又是豫让。"派人去盘问他，果然是豫让。于是赵襄子就当面责备豫让说：

"你不是曾经侍奉过范氏、中行氏吗？知伯灭了范氏、中行氏，你不但不替范氏、中行氏报仇，反而屈节忍辱去侍奉知伯。如今知伯身死国亡已经很久，你为什么偏偏要这样深切地替他报仇呢？"豫让回答说："当我侍奉范氏、中行氏时，他们只把我当作普通的人看待，所以我也就用普通人的态度报答他们；而知伯把我当作国士看待，所以我也用国士的态度报答知伯。"于是赵襄子感慨叹息说："唉！豫让啊，由于你为知伯报仇，已经成就你的名节了。而寡人释放你，也算是仁至义尽了。你自己考虑一下吧，寡人不能再赦免你了！"于是赵襄子让卫士把豫让包围起来。豫让又对赵襄子说："据臣所知，贤君不阻挡人家的忠义之行，忠臣为了完成名节不爱惜自己的生命。君王之前已经宽恕过我一次，天下之人没有不为这件事称颂君王贤德的。今天我到这里行刺您，我一定会认罪就刑。不过我想得到君王的王袍，在上面刺几下，我即使死了也没有遗憾了。我没有其他奢望，因此才敢陈述心里话。"赵襄子认为豫让是仁义之士，就让侍臣把自己的王袍交给豫让。豫让接过王袍，拔出佩剑，奋而起身跳了三次，刺完后仰天而叹："我豫让总算为知伯报了仇！"于是就拔剑自刎而死。豫让死去的这天，赵国的忠义之士听说了，都为他落泪哭泣。

【释义】

豫让的事迹曾被司马迁写入《史记·刺客列传》，并为此作出评价："此其义或成或不成，然其立意较然，不欺其志，名垂后世，岂妄也哉。"如司马迁所言，豫让的故事强调一个"义"字。豫让为报答智伯的知遇之恩，两次谋杀赵襄子，甚至不惜漆身为厉、吞炭为哑、自毁容貌，最终伏剑自尽。

值得注意的是，本篇中豫让的朋友指出，他这样做让自己吃那么多苦却很难成功，不如先接近赵襄子，取得他的信任，再伺机为智伯报仇，但豫让坚持认为这样做会败坏君臣大义，而他之所以明知其不可为而为之，就是为了让天下后世怀有二心的人臣感到愧疚。因此，豫让之"义"包含着两层含义：其一，为知己死的朋友仗义；其二，坚守君臣纲常的忠义。豫让的所言所行无疑是对当时游士掀起的反复无常、朝秦暮楚之风的质疑与挑战。他的那种"士为知己者死"，"国士遇我，国士报之"的观念，至今仍为人们津津乐道。但这种"义"，置于今日就应当加以辨析。"义"有大义、小义，为天下为国家为民族乃大义，而为私人，不过是"小义"。当然，我们不能苛责前人。

魏攻管而不下

【原文】

魏攻管①而不下。安陵②人缩高，其子为管守③。信陵君使人谓安陵君曰："君其遣④缩高，吾将仕⑤之以五大夫，使为持节尉。"安陵君曰："安陵，小国也，不能必使其民。使者自往，请使⑥道⑦使者，至缩高之所，复⑧信陵君之命。"缩高曰："君之幸⑨高也，将使高攻管也。夫以父攻子守，人大笑也。见臣而下，是倍⑩主也。父教子倍，亦非君之所喜也。敢再拜辞。"

注解

①管：今河南省郑州市。　②安陵：小国，魏国的附属国。在今河南省堰城东。　③管守：管地的长官。　④遣：送。⑤仕：做官。　⑥使：使者。　⑦道：同"导"，引路。　⑧复：传达。　⑨幸：宠爱，此指看重。　⑩倍：同"背"，背叛。

【今译】

魏国攻打管邑却未能攻克。安陵人缩高的儿子是管邑的长官。信陵君派人对安陵君说："您要是能把缩高给我送来，我就任命他

为五大夫，并让他做持节都尉。"安陵君说："安陵是个小国家，
不一定能够任意使用他的百姓。您最好亲自前往，我为您请一位
使者来给您带路，到缩高的住所，使者传达了信陵君的意思。"缩
高说："信陵君很看重我啊，将要让我来攻打管邑。要是用父亲来
攻打儿子防守的地方，这是人间的大笑话。如果儿子见到我，管
地便被攻克，是背叛他的领主。父亲教儿子背叛主人，也一定不
是信陵君所欣赏的。我冒昧地推辞使命。"

【原文】

使者以报信陵君，信陵君大怒，遣大使①之安陵曰："安陵之地，
亦犹魏也。今吾攻管而不下，则秦兵及我，社稷②必危矣。愿君之
生束③缩高而致④之。若弗致也，无忌⑤但发十万之师，以造⑥安陵
之城。"安陵君曰："吾先君成侯，受诏襄王，以守此地也，手⑦受
大府之宪⑧。宪之上篇曰："子弑父，臣弑君，有常⑨不赦。国虽⑩大赦，
降城⑪亡子⑫不得与焉。'今缩高谨解⑬大位，以全父子之义，而君
曰'必生致之'，是使我负⑭襄王诏⑮而废大府之宪也，虽死终不敢
行。"

注解

①大使：重使。　②社稷：土神和谷神，古时君主都祭祀社稷，后来就用社稷代表国家。　③生束：活捉。　④致：送。
⑤无忌：信陵君的名。　⑥造：到。　⑦手：亲手。
⑧大府之宪：藏于中央太府的宪法大典。　⑨有常：按照常刑。有：以，按照。常：常规刑法。　⑩虽：即使。　⑪降城：以城投降敌国。　⑫亡子：因不能坚守而逃亡的人。　⑬解：辞去。　⑭负：违背。　⑮诏：令。

【今译】

使者把这番话报告给信陵君，信陵君大怒，派重使到安陵，说："安陵的土地，也像魏国的土地一样。如今我进攻管地而攻克不下，那么秦兵就会攻打魏国，魏国社稷一定就危险了。希望您能活捉缩高并把他送来。如果您不把他送来，我只需派遣十万大军来到安陵城下。"安陵君说："我的先君成侯，受魏襄王的诏令，来守护这片土地，魏襄王亲手把藏于中央太府的宪法大典交到成侯手上。宪法的上篇说："儿子杀父亲，大臣杀国君，按照常规法则不被赦免。即使遇到国家大赦的情况，以城投降敌国因不能坚守而逃亡的人也不能给他赦免的机会。'如今缩高谢绝高位，来保全父子之义，而您却说'一定要活捉他把他送来'。这是让我违背襄王的法令来废除宪法大典啊，即使让我死我也不能照办。"

【原文】

缩高闻之曰："信陵君为人，悍①而自用②也。此辞反③，必为国祸。吾已全己，无为人臣之义矣，岂可使吾君有魏患也？"乃之使者之舍，刎颈④而死。信陵君闻缩高死，素服缟素⑤辟舍⑥，使使者谢安陵君曰："无忌，小人也，困于思虑，失言于君，敢再拜释罪。"

——选自《战国策·魏策四》

①悍：凶猛，强悍。　②自用：固执。　③此辞反：(使者)把这话回报(信陵君)。　④刎颈：自刎脖颈。　⑤素服缟素：穿白衣服，此指丧服。　⑥辟舍：离舍避居侧室。　⑦谢：请罪。　⑧困：惑乱。　⑨失言：说错了话。　⑩释罪：赦罪。

【今译】

缩高听说这件事说："信陵君的为人，凶狠且固执。使者把这话回报信陵君，一定会成为国家的灾难。我已经保全自己行父子之义，还没有尽到人臣之义啊，怎么能让我的国君受到魏国的迫害呢。"于是到使者的住处，自刎脖颈而死。信陵君听说缩高死了，穿着丧服避居侧室，派使者向安陵君道歉说："无忌是小人啊，考虑事情不周密，对您说错了话，特地再拜请您恕罪。"

【释义】

不为利诱，不畏强权，坚持正义，是中国传统文化所提倡的精神。不辱使命的唐且如此，完璧归赵的蔺相如也是如此。本篇的主人公缩高亦如此。面对着信陵君高官爵禄的诱惑，他丝毫不为所动，避免了父子相残或子叛其主的尴尬局面，保全了父子之义，然而信陵君却不依不饶，坚持要安陵君活捉缩高，并以发兵十万来威胁，为尽到人臣之义，缩高以自刎的形式相反抗。故事中，缩高的不畏强权、安陵君的正义凛然给读者留下了深刻的印象。而信陵君在经历此事后，知错能改，缟素辟舍，再拜谢罪，也是难能可贵的。

然而，"春秋无义战"，战国其实也无义战。弱肉强食，强权即真理，士各为其主。所以我们看待这些历史事实及其人物时，要有清醒的判断力。所谓"义"与"不义"都要从大处着眼。

秦王使人谓安陵君

【原文】

秦王①使②人谓安陵君③曰："寡人欲以五百里之地易④安陵，安陵君其⑤许⑥寡人？"安陵君曰："大王加惠⑦，以大易小，甚善。虽然⑧，受地于王，愿终受之，弗⑨敢易。"秦王不说⑩。安陵君因使唐且⑪使于秦。

注解

①秦王：秦始皇嬴政。　②使：派遣。　③安陵君：安陵国的国君。安陵是当时的一个小国，在现在河南鄢陵西北，原是魏国的附属国。战国时魏襄王封其弟为安陵君。　④易：交换。⑤其：大概。　⑥许：同意，答应。　⑦加惠：给予恩惠。⑧虽然：即使这样。　⑨弗：不。　⑩说：同"悦"，高兴。⑪唐且，也作唐雎(jū)，人名。

【今译】

秦王派人对安陵君说："我想用方圆五百里的土地交换安陵，安陵君大概会同意我的要求吧！"安陵君说："大王给予（我）恩惠，用大的土地交换小的土地，很好；即使这样，我从先王那继

承这块封地,愿意一生继承它,不敢交换!"秦王(听后)不高兴。安陵君因此派遣唐且出使到秦国。

【原文】

秦王谓唐且曰:"寡人以五百里之地易安陵,安陵君不听寡人,何也?且秦灭亡魏①,而君以五十里之地存者,以君为长者②,故不错意③也。今吾以十倍之地,请广④于君,而君逆⑤寡人者,轻⑥寡人与?"唐且对曰:"否,非若是也⑦。安陵君受地于先王而守之,虽千里不敢易也,岂直⑧五百里哉?"

> ### 注 解
>
> ①秦灭韩亡魏:秦灭韩国在始皇十七年(前230年),灭魏国在始皇二十二年(前225)。 ②长者:忠厚老实的人。 ③不错意,不置意,不介意,不把它放在心上。错,同"措",安放,安置。 ④广:扩充。 ⑤逆:违背。 ⑥轻:轻视。 ⑦非若是也:不是这样的。 ⑧直:只,仅仅。

【今译】

秦王对唐且说:"我用方圆五百里的土地交换安陵,安陵君却不听从我，这是为什么？况且秦国灭了韩国亡了魏国，但安陵却凭借方圆五十里的土地幸存下来，我把安陵君看作忠厚的长者，所以不打他的主意。现在我用大于安陵十倍的土地，让安陵君扩大自己的领土，但是他违背我的意愿，是他看不起我吗？"唐且回答说："不，并不是这样的。安陵君从先王那里继承了封地，只想守护它，即使是方圆千里的土地也不敢交换，更何况只是五百里呢？"

【原文】

秦王怫然①怒，谓唐且曰："公②亦尝闻天子之怒乎？"唐且对曰："臣未尝闻也。"秦王曰："天子之怒，伏尸百万，流血千里。"唐且曰："大王尝闻布衣③之怒乎？"秦王曰："布衣之怒，亦免冠徒跣④，以头抢⑤地尔。"唐且曰："此庸夫⑥之怒也，非士⑦之怒也。夫专诸之刺王僚⑧也，彗星袭月⑨；聂政之刺韩傀⑩也，白虹贯日⑪；要离之刺庆忌⑫也，仓鹰击于殿上⑬。此三子者，皆布衣之士也，怀怒未发，休祲⑭降于天，与臣而将四矣⑮。若⑯士必⑰怒，伏尸二人⑱，流血五步⑲，天下缟素⑳，今日是㉑也。"挺㉒剑而起。

注解

①怫(fú)然：盛怒的样子。　②公：相当于"先生"，古代对人的客气称呼。　③布衣：平民。古代没有官职的人都穿布衣服，所以称布衣。　④亦免冠徒跣(xiǎn)：也不过是摘掉帽子，光着脚。徒：空；跣：赤足。　⑤抢(qiāng)：撞。⑥庸夫：平庸无能的人。　⑦士：这里指有才能有胆识的人。　⑧专诸之刺王僚：公子光（即吴王阖闾）想要刺杀吴王僚，通过伍子胥推荐，重用武士专诸，藏匕首于鱼腹之中，进餐时，献鱼，因而刺杀了吴王僚。　⑨彗星袭月：专诸刺杀吴王僚，感应上天，竟使彗星扫及月亮。彗星：俗称扫帚星。⑩聂政之刺韩傀：韩国的大夫严仲子同韩傀有仇，就请齐国勇士聂政去把韩傀刺杀了。　⑪白虹贯日：聂政刺杀韩傀的时候，感应上天，一道白气直冲太阳。　⑫要离之刺庆忌：公子光（即吴王阖闾）刺杀吴王僚后，庆忌逃至卫国。公子光即位后，欲杀庆忌，使要离假装得罪吴王，投奔庆忌，令吴王焚其妻。终杀庆忌。要离：吴国勇士；庆忌：吴王僚之子。　⑬仓鹰击于殿上：要离刺杀庆忌的时候，感应上天，有苍鹰扑到宫殿上。仓，同"苍"，青。　⑭休祲(jìn)：吉凶的征兆。休，吉祥。祲，不祥。　⑮与臣而将四矣：(专诸、聂政、要离）加上我，将成为四个人了。这是唐且暗示秦王，他将效法专诸、聂政、要离三人，刺杀秦王。　⑯若：如果。　⑰必：将要。⑱伏尸二人：唐且杀秦王，唐且亦将死，故曰"伏尸二人"。⑲流血五步：五步之内就有刺杀秦王。　⑳缟(gǎo)素：白色的丝织品，这里指穿丧服。　㉑是：这样。㉒挺：拔。

【今译】

秦王勃然大怒，对唐且说："先生也曾听说过天子发怒吗？"唐且回答说："我未曾听说过。"秦王说："天子发怒（的时候），会有百万人的尸体倒下，鲜血流淌千里。"唐且说："大王可曾听说过平民发怒吗？"秦王说："平民发怒，也不过就是摘掉帽子光着脚，把头往地上撞罢了。"唐且说："这是平庸无能的人发怒，不是有才能有胆识的人发怒。专诸刺杀吴王僚的时候，彗星的尾巴扫过月亮；聂政刺杀韩傀的时候，一道白光直冲上太阳；要离刺杀庆忌的时候，苍鹰突然扑到宫殿上。他们三个人都是平民中有才能有胆识的人，心里的怒气还没发作出来，上天就降示了凶吉的征兆。（专诸、聂政、要离）加上我，将成为四个人了。如果有才能有胆识的人发怒，只会倒下两人，血溅出不过五步远，天下百姓因此穿丧服，今天的情形就是这样了。"说完（唐且）拔出剑站起来。

【原文】

秦王色挠①，长跪②而谢③之曰："先生坐，何至于此，寡人谕④矣。夫韩、魏灭亡，而安陵以五十里之地存者，徒⑤以⑥有先生也。"

——选自《战国策·魏策四》

注 解

①秦王色挠：秦王面有惧色。挠，屈服。　②长跪：古人席地而坐，坐时两膝着地，臀部靠在脚跟上。跪时上身挺直，表示庄重。③谢：道歉。　④谕：明白，懂得。　⑤徒：只，仅仅。⑥以：因为。

【今译】

秦王变了脸色，直身跪着，向唐且道歉说："先生请坐！怎么会到了这种地步呢？我明白了：韩国、魏国会灭亡，但安陵却凭借方圆五十里的土地幸存下来的原因，只是因为有先生您啊！"

【释义】

作为外交使节，唐且不畏暴秦，大义凛然，为保全安陵君的国土同秦王展开斗争，文中，秦王得知安陵君不愿交换土地的消息，勃然大怒，以"天子之怒"相威胁，唐且毫无惧色，用"布衣之怒"针锋相对，并暗示欲仿效专诸、聂政、要离等勇士刺杀暴君，立刻打击了秦王咄咄逼人的气焰。唐且因其反抗强秦的勇气，不辱使命的睿智，而为后人所铭记。

此则故事历来为人所传颂，也被作为以弱抗强的典范。

然而，讲到底，仍旧不免是"匹夫之怒"，逞一时之勇气而已。要不受强国凌辱靠一两个侠客刺客岂能成事？关键要富国强兵，改善制度，顺应历史潮流，这才是上策。否则一弱国虽有千百个唐雎、聂政，又有何用？

韩傀相韩

【原文】

韩傀①相韩，严遂②重③于君，二人相害④也。严遂政议直指⑤，举⑥韩傀之过⑦。韩傀以之⑧叱⑨之于朝。严遂拔剑趋⑩之，以救解⑪。于是严遂惧诛⑫，亡去⑬，游⑭求人可以报⑮韩傀者。

注解

①韩傀：即侠累，韩烈侯相国。　②严遂：又称严翁仲，为韩烈侯宠臣。　③重：受器重，尊宠。　④害：妒忌。
⑤政议直指：公正无私地议论，直言不讳地批评。"政"，同"正"，公正。　⑥举：提出，列举。　⑦过：过错，过失。
⑧以之：因此。　⑨叱：斥责，斥骂。　⑩趋：追赶。
⑪以救解：因为有人救（阻止）所以脱险。　⑫诛：罪责。
⑬亡去：逃离（韩国）。　⑭游：结交。　⑮报：报仇。

【今译】

韩傀担任韩国的国相，严遂也受到韩烈侯的器重，因此两人相互猜忌。严遂敢于公正无私地发表议论，直言不讳地列举韩傀的过失。韩傀因此在韩廷上怒斥严遂，严遂气得拔剑直刺韩傀，有人阻止才得以排解。此后，严遂担心韩傀追究罪责，就逃出韩国，四处寻找、结交可以向韩傀报仇的人。

【原文】

至齐，齐人或言："轵深井里①聂政，勇敢士也，避仇隐于屠者②之间。"严遂阴③交于聂政，以意厚之④。聂政问曰："子欲安用我乎？"严遂曰："吾得⑤为役⑥之日浅⑦，事今薄⑧，奚⑨敢有请？"于是严遂乃具酒⑩，觞⑪聂政母前。仲子⑫奉黄金百镒⑬，前为聂政母寿⑭。聂政惊，愈怪⑮其厚⑯，固谢⑰严仲子。仲子固进⑱，而聂政谢曰："臣有老母，家贫，客游⑲以为狗屠，可旦夕得甘脆⑳以养亲。亲供养备㉑，义不敢当㉒仲子之赐。"严仲子辟㉓人，因为聂政语曰："臣有雠，而行游诸侯众矣，然至齐，闻足下义㉔甚高㉕。故进百金者，特㉖以为夫人麤㉗粝㉘之费，以交足下之驩㉙，岂敢有求邪？"聂政曰："臣所以降㉚志辱㉛身，居市井者，徒幸㉜而养老母。老母在，政身未敢以许㉝人也。"严仲子固让㉞，聂政竟㉟不肯受。然仲子卒㊱备㊲

宾主之礼³⁸而去。

注解

①轵深井里：轵：地名，在今河南济源南部。深井里：轵地的里名。　②屠者：以屠宰牲畜为业的人。　③阴：暗地里。④以意厚之：用情谊厚待他。　⑤得：能。　⑥为役："和你交往"的谦敬说法。　⑦日浅：日子不多。　⑧薄：同"迫"，紧急。　⑨奚：何。　⑩具酒：准备酒席。　⑪觞：古代酒杯。此用作动词，意为"敬酒"。　⑫仲子：严遂的字。⑬镒：古代重量单位，二十两或二十四两为一镒。　⑭前为聂政母寿：上前为聂政的母亲致敬。　⑮怔：同"怪"，认为……奇怪。　⑯厚：深情厚谊。　⑰谢：辞谢，婉言谢绝。⑱进：同"赆"，赠送。　⑲客游：离开本国，到处寄居。⑳甘脆：甜脆可口的地方。　㉑备：齐备。　㉒不敢当：担当不起。　㉓辟：同"避"，回避。　㉔义：讲道义。㉕高：名望高。　㉖特：只是。　㉗麤：同"粗"。　㉘粝：粗粮　㉙驩：同"欢"，好。　㉚降：使……降低。　㉛辱：使……受辱。　㉜幸：希望。　㉝许：许诺。　㉞让：推让，推辞。　㉟竟：终究。　㊱卒：最终，最后。　㊲备：用，尽。　㊳宾主之礼：施予馈赠。

【今译】

　　严遂来到齐国，有齐人对他说："轵地深井里的聂政，是位勇敢的侠士，因为躲避仇人才混迹于屠户之中。"严遂就和聂政暗中交往，以深情厚谊相待。聂政问严遂："您想让我干什么呢？"严遂说："我与您相交的时间还不长，怎么敢对您有所求呢？"于是，严遂就备办了酒席向聂政母亲敬酒，又献上百镒黄金，上前向聂政母亲致敬。聂政大为震惊，越发对他厚礼相待感到奇怪，就坚决辞谢严遂的馈赠。但严遂坚决要送，聂政就推辞说："我家有老母，生活贫寒，只得背井离乡，做个杀狗的屠夫，现在我能够早晚买些甜脆可口的食物来奉养母亲，对母亲的供养已经齐备了，按道义就担当不起您的赏赐了。"严遂避开周围的人，就告诉聂政："我有仇要报，曾行走游历过很多诸侯国。然后我来到齐国，听说您很讲义气，所以送上百金，只是想作为给老夫人置备粗茶淡饭的费用罢了，同时也和您交个朋友，哪里敢有什么请求呢？"聂政说："我所以降低志向，辱没身份，隐居在市井之中，只是希望能奉养老母。只要老母还活着，我聂政的生命就不敢轻易托付给别人。"严遂坚决推让，聂政始终不肯接受。然而严遂还是尽了宾主之礼施予馈赠才离开。

【原文】

久之，聂政母死，既①葬，除服②。聂政曰："嗟乎！政乃市井之人，鼓刀③以④屠，而严仲子乃诸侯之卿相也，不远千里，枉⑤

车骑而交⑥臣，臣之所以⑦待⑧之至⑨浅鲜⑩矣，未有大功可以称⑪者，而严仲子举百金为亲寿，我虽⑫不受，然是⑬深知⑭政也。夫贤者以感忿⑮睚眦⑯之意，而亲信穷⑰僻⑱之人，而政独安⑲可嘿然⑳而止乎？且前日要㉑政，政徒㉒以㉓老母。老母今以天年终㉔政将为知己者用㉕。"

①既：已经。　②除服：守孝期满，脱下丧服。　③鼓刀：动刀，持刀，操刀。　④以：而，表修饰。　⑤枉：委屈，屈就。　⑥交：结交。　⑦所以：用来……的。　⑧待：对待，回报。　⑨至：极为。　⑩浅鲜：微，少。　⑪称：相称，配得上。　⑫虽：虽然。　⑬是：这样。　⑭知：了解，懂得，赏识。　⑮感忿：当为"感忿"，感忿之怨，意指一时的小怨恨。　⑯睚眦：瞪眼睛，怒目而视，引申为小怨小忿。　⑰穷：贫贱。　⑱僻：僻远。　⑲安：哪里，怎么。　⑳嘿然：默然，不声不响的样子。嘿，同"默"。　㉑要，同"邀"，邀请。　㉒徒：只是。　㉓以：因为。　㉔以天年终：老死。天年：人的自然寿命。　㉕用：效力。

【今译】

　　过了很久，聂政的母亲去世了，已经安葬，守孝期满后，聂政脱去丧服，感叹地说："唉！我不过是市井平民，操刀杀狗的屠夫，而严遂却是诸侯的卿相。他不远千里，屈驾前来与我结交，我对待他太薄情了，没有做出什么能够和他待我相称的重要事迹来，而他却拿百金向我母亲致意，我虽然没有接受，但这表明他非常赏识我聂政啊。贤德的人因为心中的激愤而来亲近处于穷乡僻壤的鄙陋之人，我怎么能够默然不动呢？再说以前他邀请我，我仅仅是因母亲还健在，就拒绝了他。如今母亲已尽享天年，我要去为赏识我的人效力了！"

【原文】

遂西至濮阳①，见严仲子曰："前所以②不许仲子者，徒以③亲在。今亲不幸，仲子所欲报仇者为谁？"严仲子具④告曰："臣之仇韩相傀。傀又韩君之季父⑤也，宗族盛⑥，兵卫设⑦，臣使人刺之，终莫能就⑧。今足下幸而不弃，请益⑨具⑩车骑壮士，以为羽翼⑪。"政曰："韩与卫，中间⑫不远，今杀人之相，相又国君之亲，此其势不可以多人⑬。多人不能无生得失⑭，生得失则语泄，语泄则韩举国⑮而与仲子为仇也，岂不殆⑯哉！"遂谢⑰车骑人徒⑱，辞⑲，独行⑳仗剑㉑至韩。

注解

①濮阳：今河南省濮阳南。　　②所以：……的原因。　　③以：

④具：详细。　　⑤季父：叔父。　　⑥盛：多，繁盛。
⑦设：陈，置，安排。　　⑧就：成功。　　⑨益：增加，多。
⑩具：准备。　　⑪羽翼：帮助人的力量。　　⑫中间：中间相隔。
⑬此其势不可以多人：在这种形势下，不可以多去人。　　⑭生
得失：产生差错。　　⑮举国：全国。　　⑯殆：危险。　　⑰谢：
辞去。　　⑱徒：犹言随行人员。　　⑲辞：辞行。　　⑳独行：
单独前往。　　㉑杖剑：手持宝剑。

【今译】

于是聂政往西到了濮阳，见到严遂时说："我以前之所以没有许诺您什么，只是因为母亲还在，如今老母不幸离世。请问您想报仇的人是谁？"严遂将情况详细地告诉聂政："我的仇人是韩国国相韩傀，他又是韩哀侯的叔父。家族繁盛，守卫设置严密，我曾派人刺杀他，始终没能成功。如今阁下幸而没有丢下我，让我为你多准备些车马和壮士作为你的助手。"聂政说："韩国和卫国相隔不远，如今去刺杀韩国的相国，他又是韩侯的至亲，这种情况下势必不能多带人去。人多了不可能不出错，就难免会泄露机密，泄露了机密就会使整个韩国上下都与你为敌，那岂不是太危险了吗？"于是聂政谢绝了车马和随从，辞别严仲子，只身一人手持宝剑到了韩国。

【原文】

韩适①有东孟②之会，韩王及相皆在焉，持兵戟而卫者甚众。聂政直入，上阶刺韩傀。韩傀走而抱哀侯③，聂政刺之，兼中哀侯，左右大乱。聂政大呼，所杀者数十人。因④自皮面⑤抉眼⑥，自屠⑦出肠，遂以死。韩取聂政尸于市，县⑧购之千金。久之，莫知谁子。

注解

①适：恰逢。　②东孟：地名，即酸枣，今为延津县。③哀侯：当为"烈侯"。　④因：于是。　⑤皮面：剥去脸上的皮。　⑥抉眼：挑出、剜出双眼。　⑦屠：剖开。　⑧县：同"悬"，悬赏。　⑨购：悬赏征求。

【今译】

恰好韩国在东孟举行盛会，韩侯和相国韩傀都在那里，他们身边守卫众多。聂政直冲上台阶刺杀韩傀，韩傀边逃边抱住韩侯。聂政刺杀韩傀，同时也刺中韩侯，左右随从一片混乱。聂政大吼一声冲上去，杀死了几十人，于是自己用剑剥去脸皮，剜出双眼，又剖腹挑肠，就此死去。韩国把聂政的尸体摆在街市上，以千金悬赏征求他的姓名。过了很久，也没人知道他究竟是谁。

【原文】

政姊闻之，曰："弟至贤，不可爱①妾之躯，灭②吾弟之名，非弟意也。"乃之③韩。视之曰："勇哉！'气矜④之隆⑤。是其轶⑥贲、育⑦而高⑧成荆⑨矣。今死而无名，父母既殁⑩矣，兄弟无有，此为我故也。夫爱身不扬⑪弟之名，吾不忍也。"乃抱尸而哭⑫之曰："此吾弟，轵深井里聂政也。"亦自杀于尸下。

注解

①爱：吝惜。　②灭：泯灭、淹没。　③之：至。　④矜：大。
⑤隆：高。　⑥轶：超过。　⑦贲、育：孟贲、夏育，古代的勇士和力士。　⑧高：高过。　⑨成荆：古勇士。　⑩殁：死。
⑪扬：传播。　⑫哭：为……哭。

【今译】

聂政的姐姐听说这事后，说道："我弟弟非常贤能，我不能因为吝惜自己的性命，而埋没弟弟的名声，（埋没声名）这也不是弟弟的本意。"于是她前往韩国，看着尸体说："勇敢啊！（你的）豪气伟大而崇高！你的行为胜过孟贲、夏育，高过了成荆！如今死了却没有留下姓名，父母已不在人世，又没有兄弟，你这样做都是为了不牵连我啊。因为，吝惜我的生命而不显扬你的名声，我实在是不忍心啊！"于是就抱住尸体痛哭道："这是我弟弟，轵邑深井

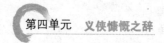

里的聂政啊!"说完就在聂政的尸体旁自杀而死。

【原文】

晋、楚、齐、卫闻之曰:"非独①政之能,乃②其姊者,以列女③也。"聂政之所以名施④于后世者,其姊不避菹醢⑤之诛,以扬其名也。

——选自《战国策·韩策二》

> **注 解**
>
> ①独:只是。　　②乃:且。　　③列女:重名节,视死如归的女子。
> ④施:延,流传。　　⑤菹(zǔ)醢(hǎi):古代的一种酷刑,把人剁成肉酱。

【今译】

三晋、楚、齐、卫等国的人听说这件事,都赞叹道:"不只是聂政勇敢,就是他姐姐也是个刚烈、节义的女子!"聂政之所以名垂后世,就是因为他姐姐不怕被剁成肉酱来显扬他的名声!

【释义】

聂政刺韩傀的故事中,暗含着一对矛盾——"忠"、"孝"。一边是赏识自己的"知己"、一边是赐予自己生命的老母,"为知己赴死","为老母尽孝",这是一组不能两全的矛盾。老母的谢世,使这一矛盾得到了解决,聂政才得以挺身而出、仗剑至韩,为知己者死。然而,老母虽死,还有姐姐尚在,并且考虑到严仲子的处境,聂政"皮面抉眼",自灭其名。但她的姐姐,为了能"扬弟之名",不惜舍身认尸。至此,一个"义侠"、一个"烈女"的形象便跃然纸上。

然而,我们应当清醒地看到,虽然故事中聂政之"忠"、"孝"可歌可泣,但他刺杀韩傀不过是为了报严遂的睚眦之怨,他的慷慨赴死是没有价值的。这一点在前几章反复申述过,读书明理,在这种地方,我们应当有清醒的头脑,理解古人但也不盲目崇拜古人。

燕太子丹质于秦

【原文】

燕太子丹①质②秦,亡③归。见秦且灭六国,兵以④临易水,恐

其祸至。太子丹患⑤之，谓其太傅⑥鞠武⑦曰："燕秦不两立，愿⑧
太傅幸⑨而图⑩之。"武对曰："秦地边天下，威胁韩、魏、赵氏，
则易水以北⑪，未有所定也⑫。奈何以⑬见陵⑭之怨，欲排⑮其逆鳞⑯
哉？"太子曰："然则⑰何由⑱？"太傅曰："请入图之。"

注解

①燕太子丹：燕王喜之子，名丹。　②质：做人质。　③亡：
逃跑。　④以：同"已"，已经。　⑤患：担心。　⑥太
傅：太子太傅，古代师傅之官。　⑦鞠(jū)武：太子丹的老师。
⑧愿：希望。　⑨幸：敬词。　⑩图：考虑，谋划。
⑪易水以北：此指燕国。　⑫未有所定也：燕国就没有安定了，
指燕国未必能保得住。　⑬以：因为。　⑭陵：欺凌。　⑮排：
当作"批"，击打。　⑯逆鳞：《韩非子·说难》："夫龙之为虫也，
柔可狎而骑也，然其喉下有逆鳞径尺，若人有婴之者，则必杀人。
人主亦有'逆鳞'，说者能无婴人主之'逆鳞'则几矣。""批逆鳞"
意为犯人主或强权之怒，此言暴君之残暴，喜怒无常。　⑰然则：
既然这样，那么。　⑱由：途径，办法。

【今译】

　　燕太子丹在秦国做人质逃回燕国。他看到秦国将要吞并六国，
如今秦军已逼近易水，唯恐灾祸来临，心里十分忧虑，就对太子
太傅鞠武说："燕秦两国势不两立，希望有幸得到太傅的计划。"
鞠武回答说："秦国占领的土地遍布天下，如果它们再用武力胁迫

韩、赵、魏三国，那么易水以北的燕国就没有安定的时候了。你何必因在秦遭受凌辱的怨恨，就去触碰秦国的逆鳞呢？"太子说："既然这样，那可怎么办好呢？"太傅说："请让我好好考虑一下。"

【原文】

居之有间①，樊将军②亡秦之燕，太子容③之。太傅鞠武谏④曰："不可。夫秦王之暴，而积怨于燕，足为寒心⑤，又况闻樊将军之在乎！是⑥以⑦委⑧肉当饿虎之蹊⑨，祸必不振⑩矣！虽有管、晏，不能为谋。愿太子急⑪遣⑫樊将军入匈奴以灭口⑬。请西约三晋，南连齐、楚，北讲于单于，然后乃可图⑭也。"太子丹曰："太傅之计，旷日弥久⑮，心惛然⑯，恐不能须臾⑰。且非独⑱于此⑲也。夫樊将军困穷⑳于天下，归身于丹，丹终不迫于强秦，而弃所哀怜之交㉑置之匈奴，是丹命固卒㉒之时也。愿太傅更㉓虑之。"鞠武曰："燕有田光先生者，其智深，其勇沉㉔，可与之谋也。"太子曰："愿因㉕太傅交于田先生，可乎？"鞠武曰："敬诺。"出见田光，道："太子曰：'愿图国事于先生。'"田光曰："敬奉教㉖。"乃造焉。

注解

①居之有间：过了不久。　②樊将军：秦将，姓樊，名于期。
③容：收留。　④谏：规劝。　⑤寒心：惧怕。　⑥是：这。
⑦以：犹"谓"。　⑧委：丢弃。　⑨蹊：道，路。
⑩振：解救。　⑪急：赶快。　⑫遣：送。　⑬灭口：消
灭秦国进攻燕国的借口。　⑭图：图谋，对付。　⑮旷日弥
久：荒废拖延的日子太久了。旷：空也。　⑯悁然：烦闷的样子。
⑰须臾：片刻。　⑱非独：不但，不只。　⑲于此：如此。
⑳困穷：窘迫，无出路。　㉑所哀怜之交：同情的朋友。
㉒卒：终。　㉓更：重新。　㉔沉：沉着。　㉕因：通过。
㉖敬奉教：犹言遵命。

【今译】

　　过了不多久，樊将军从秦国逃到燕国，太子收留了他。太傅规劝太子说："不能这样做啊。秦王残暴，又对燕国一直怀恨在心，如此足以让人胆战心惊了，更何况他知道樊将军在这里！这就好比把肉丢在饿虎经过的路上，灾祸一定无法解救了。即使管仲和晏婴再世，也很难有帮助。希望太子您赶紧把樊将军送到匈奴去，以消灭秦国进攻燕国的借口。请让我到西边去联合三晋，到南边去联合齐、楚，到北边去同匈奴单于讲和，这样以后就可以对付秦国了。"太子丹说："太傅的计划旷日持久，我心里万分昏乱、焦虑，恐怕一刻也不能等了。况且问题还不仅仅在这里，樊将军穷途末

路，才来投奔我，我终究不能因为秦国的威胁，而抛弃可怜的朋友把他打发到匈奴去吧，这该是我拼命的时候了，希望太傅您好好考虑一下啊。"鞠武说："燕国有一位田光先生，此人深谋远虑、勇敢沉着，您不妨跟他商量一下。"太子丹说："希望通过太傅认识田先生，好吗？"鞠武说："好吧。"于是鞠武去见田光，说："太子希望和先生一起商议国家大事。"田光说："遵命。"于是就去拜见太子。

【原文】

太子跪而逢迎①，却行②为道③，跪而拂席④。田先生坐定，左右无人，太子避席⑤而请⑥曰："燕、秦不两立，愿先生留意⑦也。"田光曰："臣闻骐骥⑧盛壮之时，一日而驰千里。至其衰也，驽马⑨先之⑩。今太子闻光壮盛之时，不知吾精⑪已消亡⑫矣。虽然⑬，光不敢以乏⑭国事也。所善荆轲，可使⑮也。"太子曰："愿因⑯先生得愿交于荆轲，可乎？"田光曰："敬诺。"即起，趋⑰出。太子送之至门，曰："丹所报，先生所言者，国大事也，愿先生勿泄也。"田光俛⑱而笑曰："诺。"

注解

①逢迎：上前迎接。　②却行：退着走。　③为道：为（田光）引路。道：通"导"，引导。　④拂席：把座位擦干净，表恭敬。⑤避席：离开座位，表示恭敬。　⑥请：请教。　⑦留意：放在心上，此处意为想想办法。　⑧骐骥：千里马。　⑨驽马：劣等马。　⑩先之：跑在它前面。　⑪精：精力。　⑫消亡：消耗完了。　⑬虽然：即使如此。　⑭乏：废，荒废，耽误。⑮可使：可担当使命。　⑯因：通过。　⑰趋：小步快走。⑱俛：同"俯"，低头。

【今译】

太子跪着迎接田光，倒着走为他引路，又跪下来替他拂拭坐席。等田光坐稳，左右人都退下后，太子就离席，向田光请教道："燕国、秦国势不两立，希望先生能尽量想个办法来解决这件事。"田光说："我听说良马在年轻力壮的时候，一天可以飞奔千里。可到它衰老力竭的时候，连劣马也能跑在它的前面。太子现在听说的是我壮年的情形，却不知道如今我的精力已经耗尽了。虽然如此，我不敢因此耽误国事。我的好朋友荆轲可以担此使命。"太子说："希望能通过先生结识荆轲，可以吗？"田光说："好的。"说罢就起身，小步快走出门去。太子把他送到门口，告诫他说："我告诉您的，先生刚才说的，都是国家大事，希望先生不要泄露出去。"田光低头一笑，说："好。"

【原文】

　　偻行^①见荆轲，曰："光与子相善，燕国莫不知。今太子闻光壮盛之时，不知吾形已不逮^②也，幸而教之曰：'燕、秦不两立，愿先生留意也。'光窃不自外，言足下于太子，愿足下过^③太子于宫^④。"荆轲曰："谨奉教。"田光曰："光闻长者之行，不使人疑之，今太子约光曰：'所言者，国之大事也，愿先生勿泄也。'是太子疑光也。夫为行使人疑之，非节^⑤侠士也。"欲自杀以激荆轲，曰："愿足下急^⑥过太子，言光已死，明不言也。"遂自刭^⑦而死。

> **注解**
>
> ①偻行：弯着腰行走。　②逮：及。　③过：拜访。　④宫：住处，居处。　⑤节：忠义。　⑥急：赶快。　⑦刭：用刀割脖子。

【今译】

　　田光弯腰曲背地去见荆轲，对他说："我和您交情深，燕国没有人不知道。现在太子只听说我壮年时的情况，却不知道我的身体已远不如前了。有幸得到他的教导：'燕国、秦国势不两立，希望先生尽力想想办法。'我从来就没把您当外人，于是把向太子推荐您。希望您能到太子的宫中拜访一下。"荆轲说："遵命。"田光又说："我听说，忠厚老实之人的所作所为，不让人心生怀疑，如今太子却告诫我说：'我们所讲的，都是国家大事，希望先生不要泄露出去。'这是太子怀疑我啊。为人行事使人怀疑，就不是有气节的侠客。"（田光这番话的意思）是想用自杀来激励荆轲，接着他又说道："希望您马上去拜见太子，说我已经死了，以此表明我不会把国家大事泄漏出去。"说完就自刎而死。

【原文】

　　轲见太子，言田光已死，明不言也。太子再拜而跪，膝行①流涕②，有顷③而后言曰："丹所请田先生无④言者，欲以成大事之谋，今田先生以死明不泄言，岂丹之心哉？"荆轲坐定，太子避席顿首⑤曰："田先生不知丹不肖⑥，使得至前，愿有所道⑦，此天所以哀燕不弃其孤也。今秦有贪饕⑧之心，而欲不可足⑨也。非尽⑩天下之地，臣⑪海内之王者，其意不餍⑫。今秦已虏⑬韩王，尽纳⑭其地，又举兵⑮南⑯伐⑰楚，北临⑱赵。王翦将数十万之众临漳、邺，而李信出⑲太原，云中。赵不能支⑳秦，必入臣㉑。入臣，则祸至燕。燕小弱，数困于兵㉒，今计㉓举国不足以当㉔秦。诸侯服秦，莫敢合从㉕。丹之私计㉖愚㉗以为诚㉘得天下之勇士，使于秦，窥㉙以重利，秦王贪其贽㉚，必得㉛所愿矣。诚㉜得㉝劫㉞秦王，使悉㉟反㊱诸侯之侵地，若曹沫之与齐桓公㊲，则大善矣；则㊳不可，因㊴而刺杀之。

彼大将擅兵于外，而内有大乱，则君臣相疑。以其间^⑩诸侯，诸侯得合从，其偿破秦必矣。此丹之上愿，而不知所^㊶以委^㊷命，唯^㊸荆卿留意^㊹焉^㊺。"太子前顿首，固^㊻请无^㊼让。然后许诺。于是尊荆轲为上卿，舍^㊽上舍^㊾，太子日日造问^㊿，供太牢⁵¹，异物间进⁵²，车骑美女恣⁵³荆轲所欲，以顺适⁵⁴其意。

注 解

①膝行：用膝盖行走。　②涕：眼泪。　③有顷：过了一会儿。　④无：毋，不要。　⑤顿首：叩头下拜。　⑥不肖：不才。　⑦愿有所道：希望说出我的心里话。　⑧贪饕(tāo)：贪利。　⑨足：满足。　⑩尽：尽吞。　⑪臣：使……称臣。　⑫餍(yàn)：饱，满足。　⑬虏：俘虏。　⑭纳：入，接收。　⑮举兵：派兵。　⑯南：向南。　⑰伐：攻打。　⑱临：逼近。　⑲出：出兵。　⑳支：抵抗。　㉑入臣：俯首称臣，指投降。　㉒数困于兵：屡次遭受战争而疲乏、困顿。　㉓计：考虑，估计。　㉔当：同"挡"，抵挡。　㉕合从：即"合纵"。　㉖丹之私计：我个人的意见。　㉗愚：我（谦称）。　㉘诚：如果果真。　㉙窥：看。　㉚贽：礼物。　㉛得：中，满足。　㉜诚：如果果真。　㉝得：能够。　㉞劫：挟持。　㉟悉：全部。　㊱反：归还。　㊲若曹沫之与齐桓公：曹沫，鲁国人，是鲁庄公的将领，与齐战，三败，于是献地与齐讲和。齐桓公答应与鲁庄公在柯地会盟。结盟后，曹沫在祭坛上执匕首，挟持齐桓公，要求尽数归还齐所侵鲁地。　㊳则：若。　㊴因：趁机。　㊵间：离间。　㊶所：与"何"同义。　㊷委：托付，委派。　㊸唯：同"惟"，希望。　㊹留意：关心，注意。　㊺焉：代词，

代"之",这件事。　　⑯固：坚决地。　　⑰无：毋。
⑱舍：安排住宿。　　⑲上舍：上等宾馆。　　⑳造问：登门问候。
㉑供太牢：特备丰盛宴席。　　㉒异物间进：隔不多久就进献珍奇物品。　　㉓恣：听凭。　　㉔顺适：顺从舒适。

【今译】

荆轲见到太子，告诉他田光已经死了，以此表明不会泄露国家大事。太子拜了两拜，双腿下跪，用膝盖向前走，泪流满面，过了一会儿说道："我之所以告诫田光先生不要泄密，是想实现重大的事业啊。现在田先生用死来表明他没有泄密，这哪里是我的本意呢？"荆轲坐定后，太子离席，给荆轲叩头，说："田先生不知我是个无能的人，让您来到我面前，愿您有所指教。这真是上天可怜燕国不抛弃他的后代啊！如今秦国贪得无厌，野心膨胀，它的贪欲难以满足。如果不把天下的土地全部占为己有，不使各诸侯全部成为自己的臣下，它是不会满足的。现在秦国已经俘虏了韩王，占领了韩国的全部土地，又发兵向南攻打楚国，向北进逼赵国。王翦已率领几十万大军逼近漳水、邺城，而李信又出兵太原、云中。赵国哪里能抵抗秦国的攻势，一定会向秦国俯首称臣。赵国向秦国称臣，大祸就落到燕国头上了，燕国国小力弱，多次遭受兵祸，现在就算征发全国力量也不可能抵挡住秦军的进攻。

诸侯都屈服于秦国，没有谁敢和燕国联合。我私下考虑如果能得到天下最勇敢的人出使秦国，用重利引诱秦王，秦王贪图这些厚礼，我们就一定能如愿以偿了。如果能劫持秦王，让他归还侵占的全部诸侯土地，就像当年曹沫劫持齐桓公那样，那就更好了；如果秦王不答应，那就杀死他。秦国的大将在国外征战，而国内又大乱，那么君臣必定会相互猜疑。趁这个机会离间各个诸侯，并让诸侯得以合纵，这样势必能击破秦国。这就是我最高的愿望。但不知道能把这一使命托付给谁，希望先生您留心这件事。"于是太子走上前去叩头，坚决请求荆轲不要推辞。在这以后，荆轲才答应下来。于是太子将荆轲尊为上等官员，让他住在上等馆舍，每天去拜访他。供给他丰盛的食物，隔不多久就进献珍奇宝物，任凭荆轲提出什么要求，车骑也好，美好也好，都顺从他的心意。

【原文】

久之，荆卿未有行意。秦将王翦破赵，虏赵王[1]，尽收其地，进兵北略[2]地，至燕南界。太子丹恐惧，乃请荆卿曰："秦兵旦暮[3]渡易水，则虽[4]欲长侍足下，岂可得哉？"荆卿曰："微[5]太子言，臣愿得谒[6]之。今行而无信[7]，则秦未可亲[8]也。夫今樊将军，秦王购[9]之金千斤，邑万家。诚[10]能得樊将军首，与燕督亢[11]之地图献秦王，秦王必说⑫见臣，臣乃得有以报⑬太子。"太子曰："樊将军以⑭穷困来归⑮丹，丹不忍以己之私，而伤⑯长者之意，愿足下更⑰虑之。"

注 解

①赵王：赵王迁。前228年（秦始皇十九年）俘虏赵王迁。
②北略：向北侵占、夺取。　③旦暮：早晚，迟早。　④虽：即使。　⑤微：无，没有。　⑥谒：拜见。　⑦信：信物。
⑧亲：亲近，接近。　⑨购：悬赏征求。　⑩诚：如果果真。
⑪督亢：燕国南部肥沃之地。　⑫说：同"悦"，高兴。　⑬报：报答，报效。　⑭以：因为。　⑮归：归附，投靠。　⑯伤：伤害。　⑰更：再，表示行为上的重复。

【今译】

过了很久，荆轲仍没有动身的意思。(这时)秦将王翦攻破赵国，俘虏赵王，占领了赵地。又挥军北进掠夺土地，一直打到燕国南部边境。太子丹非常害怕，就请求荆轲说："秦国军队迟早都要渡过易水，我即使愿意长久地侍奉您，但又怎么可能呢？"荆轲说："没有太子的旨意，我也想向您请求行动了。现在去了如果没有信物，那就无法接近秦王。如今秦王正用千两黄金和万户封邑来悬赏缉拿樊将军。如果能得到樊将军的首级和燕国督亢的地图献给秦王，秦王一定乐于接见我，这样我才能有报效太子的机会。"太子丹说：

"樊将军因为穷途末路来投奔我，我不忍心为了自己的私事而伤害忠厚老实人的心意，还望您另想个办法。"

【原文】

荆轲知太子不忍，乃遂①私见樊于期曰："秦之遇②将军，可谓深③矣。父母宗族，皆为④戮⑤没⑥。今闻购将军之首，金千斤，邑万家，将奈何？"樊将军仰天太息⑦流涕⑧曰："吾每念，常痛于骨髓⑨，顾⑩计不知所出耳。"轲曰："今有一言，可以解燕国之患，而报将军之雠⑪者，何如？"樊于期乃前曰："为之奈何？"荆轲曰："愿得将军之首以献秦，秦王必喜而善⑫见臣，臣左手把⑬其袖，而右手揕⑭抗其胸，然则将军之仇报，而燕国见陵⑮之耻除矣。将军岂⑯有意与？"樊于期偏袒⑰扼腕⑱而进曰："此臣日夜切齿⑲拊心⑳也，乃今得闻教。"遂自刎。太子闻之驰往，伏尸而哭，极哀。既已，无可奈何，乃遂收盛樊于期之首，函封㉑之。

注解

①乃遂：于是。　②遇：对待。　③深：同"甚"，厉害。

④为：被。　⑤戮：杀。　⑥没：同"殁"，杀死。　⑦太息：大声长叹，深深地叹息。　⑧涕：眼泪。　⑨痛于骨髓：

痛入骨髓。　　⑩顾：但，只是。　　⑪雠：同"仇"，仇敌。
⑫善：当作"召"。　　⑬把：抓住。　　⑭揕(zhèn)：刺。
⑮见陵：被欺凌。见，表被动。　　⑯岂：同"其"，表示商量。
⑰偏袒：脱下一边衣袖，露出臂膀。　　⑱扼腕：自己用一只手
握另一只手腕，下决心之状。　　⑲切齿：咬牙切齿。　　⑳拊心：
捶胸，愤激之状。　　㉑函封：用匣子装好封上。

【今译】

荆轲知道太子丹于心不忍，于是就私下里去见樊于期说："秦王对您可以说是太狠毒了，父母和同族人都被杀害了。现在又听说秦王悬赏千两黄金和万户封邑来求您的头颅，您打算怎么办呢？"樊将军仰天长叹，泪流满面说："我每回想到这些，就恨入骨髓，只是不知道如何才能报仇罢了。"荆轲说："我现在有一个建议，不但可以解除燕国的祸患，而且可以为您报仇，您看如何？"樊于期于是走上前说："该怎么办？"荆轲说："希望能得到将军的首级来进献秦王，秦王必定很高兴，就会接见我。（到那时）我左手抓住他的衣袖，右手用匕首刺进他的胸膛。这样您的大仇可报，燕国遭受的耻辱也可以洗刷了。将军可有这番心意吗？"樊于期袒露出一条臂膀，握住手腕，上前一步说："这是我日日夜夜咬牙切齿、捶胸痛心的事情，如今天能得到您的指教。"说完就自杀了。太子听说后，赶紧驾车奔去，趴在樊于期的尸体上痛哭，极其悲伤。事情既然无可挽回，于是就只好收起樊于期的头颅，用匣子装好封存起来。

【原文】

于是，太子预求①天下之利匕首，得赵人徐夫人之匕首，取之百金，使工以药淬②之，以试人，血濡缕③，人无不立④死者。乃为装⑤，遣⑥荆轲。燕国有勇士秦武阳，年十二，杀人，人不敢与忤⑦视。乃令秦武阳为副⑧。

注解

①预求：预先寻求。　②以药淬之：用毒药炼附在匕首上。淬：制造刀、剑时，把烧红了的刀、剑浸入水或其他液体中，急速冷却，使之硬化。　③血濡缕：浸出一丝血。　④立：立刻。
⑤为装：准备行装。　⑥遣：送，派遣。　⑦忤(wǔ)：逆，斜。
⑧副：助手。

【今译】

这时候，太子已经预先寻到天下最锋利的匕首，那是从赵人徐夫人手里用一百金才买到的匕首。太子让工匠用毒药水炼附在匕首上，拿它在人身上试验，只要流出一点儿血，那人就会立刻死去。于是准备行装，送荆轲动身。燕国有个勇士叫秦武阳，十二岁时就杀过人，别人都不敢正眼看他。于是太子就派秦武阳做荆轲的助手。

【原文】

荆轲有所待，欲与俱①，其人居远，未来，而为留待。顷之，未发②，太子迟③之，疑其有改悔，乃复请之曰："日以尽矣④，荆卿岂无意哉？丹请先遣秦武阳。"荆轲怒，叱太子曰："今日往而⑤不反⑥者，竖子也！今提一匕首入不测⑦之强秦，仆⑧所以留者，待吾客与俱。今太子迟之，请辞决矣！"遂发。

注解

①俱：一起。　②发：出发，启程。　③迟：以……为迟，认为……拖延时间。　④日以尽矣：日子不多了。　⑤而：如果。　⑥反："返"，返回。　⑦不测：狡猾难料。　⑧仆：我，自我谦称。

【今译】

荆轲正等着另一个人，想跟他一起去，那人住得远，还没有赶到，荆轲为此滞留等他。过了几天也没有出发。太子认为他拖延时间，怀疑他要反悔，于是又去请求他说："时间已经不多了，您难道没有心思去吗？请让我先派秦武阳去吧。"荆轲生气了，喝叱太子说："我今天去了，如果不能回来，就可能因为秦武阳这小子！如今我拿着一把匕首到狡猾难测的秦国去，我迟迟不动身的原因，是要等我的友人一起走。现在您既然认为我有意拖延，那就请允许我就此诀别吧!"于是就出发了。

【原文】

太子及宾客知其事者，皆白衣冠^①以送之。至易水上，既祖^②，取道^③。高渐离击筑^④，荆轲和^⑤而歌，为变徵^⑥之声，士皆垂泪涕泣。又前而为歌^⑦曰："风萧萧^⑧兮易水寒，壮士一去兮不复还!"复为忼慨^⑨羽声，士皆瞋目^⑩，发尽上指冠。于是荆轲遂就车而去，终已^⑪不顾^⑫。

注解

①白衣冠：丧服。宾客知道荆轲凶多吉少最终难返，故穿丧服送行；同时也有激励之意。　②祖：古代饯行的一种隆重仪式，祭路神后，在路上设宴为人送行。因而称饯行为"祖道"。
③取道：上路。　④筑：古乐器名。　⑤和：跟着唱。
⑥徵：相当于西乐F调，声悲凉。　⑦前而为歌：边前行边唱歌。
⑧萧萧：形容风吹动之声。　⑨忼慨：慷慨，充满正气，情绪激昂；形容壮士不得志于心。　⑩瞋目：发怒时睁大眼睛。
⑪终已：终究，一直。　⑫顾：看。

【今译】

太子以及知道这件事的宾客，都身着白衣，头戴白帽来为荆轲送行。到了易水岸边，祭祀完路神，将要上路。这时，高渐离击起了筑，荆轲和着曲调唱起歌来，歌声悲怆，人们听了都流下眼泪，暗暗地抽泣。荆轲又踱步上前唱道："风萧萧啊易水寒，壮士一去啊不复还！"接着乐音又变作慷慨激昂的羽声，在座的人们听得瞪大双眼，头发也都向上冲冠。于是荆轲登上马车离开了，始终没有回头看一眼。

【原文】

既至秦，持千金之资币①物，厚②遗③秦王宠臣中庶子蒙嘉。嘉为先言于秦王曰："燕王诚④振⑤畏⑥慕⑦大王之威，不敢兴兵以拒⑧大王，愿举国为内臣⑨，比⑩诸侯之列，给贡职如郡县⑪，而得奉守先王之宗庙。恐惧不敢自陈⑫，谨斩樊于期头，及献燕之督亢之地图，函封，燕王拜送于庭，使⑬使以闻大王。唯⑭大王命⑮之。"

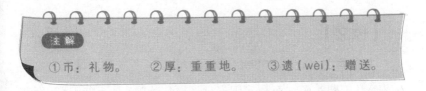

①币：礼物。　②厚：重重地。　③遗（wèi）：赠送。

④诚：实在，确实。　⑤振：同"震"，震慑、惊惧。　⑥畏：害怕。　⑦慕：仰慕。　⑧拒：抵抗。　⑨内臣：内臣。⑩比：等同，排列。　⑪给贡职如郡县：交纳赋税、派服劳役，像直属郡县一样。　⑫自陈：亲自陈述。　⑬使：派。　⑭唯：希望。　⑮命：指示。

【今译】

　　荆轲一行到秦国以后，便带上价值千金的礼物，去见秦王的宠臣中庶子蒙嘉。蒙嘉替他事先在秦王面前说："燕王确实震慑、畏惧、仰慕大王的威势，不敢发兵和大王对抗，情愿让整个燕国做秦国的臣民，和各方诸侯同列，像秦国直属郡县一样交纳赋税、派服劳役，只求能够奉守先王的宗庙。燕王非常害怕，不敢亲自来向大王陈述，特地砍下樊于期的头颅，并献上燕国督亢的地图，都封装在匣子里，燕王又亲自在朝廷送行，派来使者向大王禀告。请大王指示。"

【原文】

　　秦王闻之，大喜。乃朝服①，设九宾②，见燕使者咸阳宫。荆轲奉③樊于期头函，而秦武阳奉地图匣以次进④。至陛下⑤，秦武阳色变⑥振恐⑦，群臣怪之，荆轲顾⑧笑武阳，前为谢⑨曰："北蛮夷之鄙人⑩，未尝见天子，国外振慑⑪，愿大王少⑫假借⑬之，使毕⑭使于前。"秦王谓轲曰："取武阳所持图。"轲既取图奉⑮之，发⑯图，图穷⑰而匕首见⑱。因左手把⑲秦王之袖，右持匕首揕抗之。未至身，秦王惊，自引而起⑳，绝袖㉑。拔剑，剑长，掺其室㉒。时怨㉓急，剑坚，故不可立㉔拔。荆轲逐秦王，秦王还㉕柱而走㉖。群臣惊愕，卒㉗起不意，尽失其度㉘。而秦法，群臣侍殿上者，不得持尺兵㉙。诸㉚郎中执兵，皆陈㉛殿下，非有诏㉜不得上。方㉝急时，不及㉞召下兵㉟，以㊱故荆轲逐秦王，而卒惶急无以㊲击轲，而乃以手共搏之。是时㊳，侍医㊴夏无且，以其所奉药囊提㊵轲。秦王之方还柱走，卒惶急不知所为，左右乃曰：'王负剑！王负剑！'遂拔以击荆轲，断其左股㊶。荆轲废㊷，乃引㊸其匕首，提秦王，不中，中柱。秦王复击轲，被㊹八创。轲自知事不就㊺，倚柱而笑，箕踞㊻以骂曰："事所以不成者，乃欲以生劫之㊼，必得约契以报太子也。"左右既㊽前斩㊾荆轲，秦王目眩良久㊿。而论功赏群臣及当坐51者，各有差52。而赐夏无且黄金二百镒53，曰："无且爱我，乃以药囊提轲也。"

注解

①朝服：穿了上朝的衣服。　②设九宾：举行外交上最隆重的礼仪。　③奉：捧，用手捧着。　④以次进：按照这个次序

215

前进。 ⑤陛下：宫殿的台阶下。 ⑥色变：变了脸色。 ⑦振恐：害怕。 ⑧顾：回头看。 ⑨谢：谢罪。 ⑩鄙人：粗人。 ⑪振慑：恐惧。 ⑫少：同“稍”，稍稍。 ⑬假借：宽恕。 ⑭毕：完成。 ⑮奉：献。 ⑯发：打开。 ⑰图穷：地图展到尽头。 ⑱见：同“现”，露出。 ⑲把：握住。 ⑳自引而起：抽身跳起。 ㉑绝袖：把袖子挣断了。 ㉒掺其室：掺，同“操”，把持。“掺其室”，指因为剑长未全拔出，剑仍在鞘内。 ㉓怨：当为“恐”。 ㉔立：立刻。 ㉕还：绕。 ㉖走：逃。 ㉗卒：同“猝”，突然。 ㉘度：谋，考虑，打算。 ㉙尺兵：尺寸之兵，任何兵器。 ㉚诸：各个。 ㉛陈：同“阵”，排列。 ㉜诏：皇帝的命令。 ㉝方：正。 ㉞及：等到。 ㉟下兵：殿下执武器的警卫员。 ㊱以：因为。 ㊲无以：没有什么东西。 ㊳是时：这个时候。 ㊴侍医：皇帝随从的医官员。 ㊵提：掷。 ㊶股：大腿。 ㊷废：残废。 ㊸引：举起。 ㊹被：遭受。 ㊺就：成。 ㊻箕踞：席地而坐，伸开两腿，像个簸箕。这是一种轻慢的态度。 ㊼生劫之：活着你。 ㊽既：同“即”，立即。 ㊾前斩：上前杀了。 ㊿良久：很久。 (51)坐：依法判罪。 (52)差：等级，区别。 (53)镒：古代重量单位，二十两或二十四两为一镒。

【今译】

秦王听了这番话后十分高兴。于是穿上朝服，举行隆重的外交礼仪，在咸阳宫接见燕国使者。荆轲捧着封藏樊於期头颅的匣子，秦武阳捧着装地图的匣子，依次走上前去。走到宫殿前的台阶下，秦武阳脸色陡变，惊惧万分，秦国大臣们感到奇怪，荆轲回过头朝秦武阳笑了笑，走上前去向秦王谢罪说："他是北方荒野之地的粗人，没有见过世面，今日得见天子，所以害怕，希望大王稍加宽容，让他能在大王面前完成使命。"秦王对荆轲说："起来，把他拿的地图取过来。"荆轲就取过地图奉献上去，打开卷轴地图，地图完全展开时露出了匕首。荆轲左手拉住秦王的衣袖，右手抓过匕首就刺向秦王，可惜没能刺中。秦王大吃一惊，抽身而起，挣断衣袖，赶忙伸手拔剑，剑身太长，卡在剑鞘里了。当时情况紧急，剑又卡得太紧，所以不能立刻拔出来。荆轲追赶秦王，秦王只好绕着柱子逃跑。群臣都惊慌失措，由于突然发生了出人意料的事，大殿上的人一个个都失去了主意。而且按照秦国的法律，大臣在殿上侍奉君王时不得携带任何兵器，守卫宫禁的侍卫虽然带着武器，但都站在殿外，没有秦王的命令是不能上殿的。正在危急的时候，秦王来不及召殿下卫兵，因此在荆轲追赶秦王的时候，大臣们仓猝之间大多惊慌失措，没有什么东西可以拿来还击荆轲，只好一起徒手与他搏击。这时御医夏无且用他身上带着的药袋向荆轲投掷过去。秦王正绕着柱子跑，仓促间不知怎么办才好，手下的大臣们才对他大喊："大王把剑背过去！快推到背后！"秦王这才拔出剑来砍荆轲，一下子砍断了他的左腿。荆轲重伤跌倒在地，于是举起匕首向秦王投去，没有击中，扎在柱子上。秦王又砍荆轲，荆轲八处受伤。荆轲自知事情失败，就靠着柱子大笑起来，席地而坐叉开两腿大骂道："事情之所以没有成功，无非是想活捉你，得到归还侵占土地的凭证去回报太子。"两旁的人立即过来把荆轲杀了，秦王头昏目眩了好久。后来秦王对群臣按功过行赏罚，各有等级。秦王赏赐夏无且黄金二百镒，说："无且爱护我，才用药袋投击荆轲啊。"

【原文】

于是，秦大怒燕，益发兵诣①赵，诏王翦军以伐燕。十月而拔②燕蓟城③。燕王喜、太子丹等皆率其精兵东保于辽东。秦将李信追击燕王，王急，用代王嘉计④，杀太子丹，欲献之秦。秦复进兵攻之。五岁而卒⑤灭燕国，而虏燕王喜。秦兼⑥天下。

注解

①诣：往，至。　②拔：攻下。　③蓟(jì)城：燕国首都。
④代王嘉计：代王嘉写信给燕王喜说："秦国急着攻打燕国的原因，是因为太子丹，您只要杀了太子丹，把他的首级献给秦王，秦王一定会停止攻打燕国，燕国的社稷可以保全。"　⑤卒：最终。
⑥兼：兼并，统一。

【今译】

于是秦对燕国万分怨恨，增派军队赶往赵国旧地，命令王翦的部队去攻打燕国，十月攻陷燕都蓟城。燕王喜、太子丹等率领精锐部队退守辽东。秦将李信追击燕王，燕王急了，只好采用代王赵嘉的主意，杀了太子丹，打算献给秦王。但秦军仍旧继续进攻，五年之后终于灭掉了燕国，俘虏了燕王喜，秦国统一天下。

【原文】

其后，荆轲客高渐离以①击筑见秦皇帝，而以筑击秦皇帝，为燕报仇，不中②而死。

——选自《战国策·燕策三》

注 解

①以：凭借。　②中：击中。

【今译】

这以后，荆轲的好友高渐离借击筑的机会见到秦始皇，他用筑投击秦始皇，想为燕国报仇，结果也没有击中，反被杀死。

【释义】

《战国策》对于荆轲刺秦王这一故事的记述可谓一波三折、惊心动魄，充满着戏剧性：当秦王听说燕使带来了叛将的头颅和燕国的地图，欣喜万分，特地身着朝服，将接见燕使的地点安排在了"咸阳宫"，还"设九宾"，用当时外交场合中最高规格的礼节迎接燕使。而秦国的文武百官也悉数到场，见证燕国献地这一重要的历史时刻。我们可以想见当时场面之宏大。宏大的场面，自然得借助人物的行动以显现其"戏剧"神韵，而这一场面上各个人物的一言一行、一招一式，都是为了衬托荆轲服务的。秦舞阳的"色变振恐"反衬出荆轲的镇定自若，他一边从容地"顾笑舞阳"，一边上前谢罪，请求秦王宽恕一个"未尝见天子"的"北蕃蛮夷之鄙人"。这里，他称舞阳为"北蕃蛮夷鄙人"，称秦王作"天子"，无疑深得秦王狂妄、自恃的心理，短短的几句话不仅将"舞阳色变"的风波化解于无形之中，更是赢得了秦王的好感，秦王因而特许他呈上地图。

荆轲刺杀秦王一幕中，秦王之仓惶狼狈、群臣之方寸大乱都反衬出了荆轲的勇敢无畏。荆轲在行刺失败后，身"被八创"，"自知事不就"，却仍不减英雄豪气，他"倚柱而笑，箕踞以骂"，傲岸不屈："事所以不成者，以欲生劫之，必得约契以报太子。"这一骂透露着重要信息：他的刺杀行动是代表燕国、代表太子丹与强秦的抗争。将秦燕两国之矛盾推向了高潮，其中蕴含着对荆轲刺秦王之功败垂成的几许叹惋，也浸透着对其"高节死义"的无畏精神的几多赞叹。

后人纷纷以荆轲刺秦王作为反抗强权、"知其不可而为之"的英雄典范来传颂，历朝历代不乏其人。其实荆轲本人已成为一种符号——犹如钟馗而已。至于对"刺秦"本身的是非曲直，人们不再去追问，这也拜秦始皇暴虐，秦王朝二世而亡所赐。无论如何，以天下"极端自私之心"做成一种于"天下为公"之大事——统一中国，从这一点而言，实际上荆轲刺秦并不值得同情，所谓螳臂挡车而已。由此可明：个人英雄未必有利天下，而统治者暴虐失去民心，会使有些事非界限模糊。所以天下之正道仍是施"仁义"。

图书在版编目(CIP)数据

战国争雄:《战国策》选读/石莉编选. —上海:复旦大学出版社,2013.1
(中华根文化·中学生读本/黄荣华主编)
ISBN 978-7-309-08814-4

Ⅰ. 战… Ⅱ. 石… Ⅲ. ①中国历史-战国时代-史籍-青年读物
②中国历史-战国时代-史籍-少年读物 Ⅳ. K231.04

中国版本图书馆 CIP 数据核字(2012)第 066514 号

战国争雄:《战国策》选读
石　莉　编选
责任编辑/邵　丹

复旦大学出版社有限公司出版发行
上海市国权路 579 号　邮编:200433
网址:fupnet@ fudanpress.com　http://www.fudanpress.com
门市零售:86-21-65642857　　团体订购:86-21-65118853
外埠邮购:86-21-65109143
上海华教印务有限公司

开本 890×1240　1/32　印张 7.375　字数 143 千
2013 年 1 月第 1 版第 1 次印刷

ISBN 978-7-309-08814-4/K·367
定价:20.00 元